PATRICK
BRUEL

SOPHIE GRASSIN
GILLES MÉDIONI

PATRICK BRUEL

JCLattès

A nos mamans et à nos papas

Juin 1991 : *l'Express* envisage de faire sa « cover » sur Patrick Bruel. Deux journalistes — nous — le suivront sur sa tournée d'été pour rendre compte, pour raconter. Patrick, nous l'avions déjà rencontré à diverses étapes de sa carrière. Nous le revoyons autour d'un café. Et dressons ensemble la liste de ses proches, de ses amis, de sa famille, de son entourage professionnel. Tout le monde nous a longuement parlé. De lui, de son enfance, de ses doutes, de sa vie. Bruel a réagi. Il a commenté. L'article est paru le 1er août sous le titre « Bruel à la folie ». Une folie qui nous a explosé à la figure. Une folie que nous avons tenté d'expliquer. Toutes ces années, tous ces visages, cette ferveur, ces émotions ne tenaient évidemment pas sur six pages d'un hebdomadaire. Nous avons noirci quelques feuillets supplémentaires : le livre que vous tenez entre vos mains. Il vous — il lui — appartient.

« Plus que de l'artiste qu'il est devenu,
je suis fière du fils qu'il est resté. »

AUGUSTA

1

Le petit soldat

Je suis du pays de mon enfance

Angelo RINALDI

Toutes les petites filles ont un papa, les petits garçons n'ont qu'eux-mêmes. La vie raye donc plus facilement leur porcelaine. Bruel l'écorché, Bruel l'égratigné ne s'attarde jamais sur un passé qui, pourtant, a préparé l'actuel. Si l'Algérie le gangrène, il n'en rumine aucun souvenir. Si elle lui pèse au cœur, c'est seulement par ouï-dire. Certes, il a feuilleté des fragments d'hier. Scruté des photos sépia. Dévidé avec des proches — Augusta, sa mère, Alexandre Arcady, Roger Hanin et Marthe Villalonga — ces choses qu'on ne confie que dans le secret des nuits. La mémoire, les racines, la souffrance. Un départ, un port, l'aéroport de Maison-Blanche. Ces vingt-cinq kilos de bagages où il fallut caser cent cinquante ans d'histoire. Bruel est d'abord un enfant de là-bas. Plusieurs de ses films, une de ses chansons encore inachevée, le disent, le crient, l'inscrivent. L'Algérie, il en vient. L'Algérie, il ira.

Son Algérie s'appelle Tlemcen. Elle sent l'olive et la cannelle. Un soleil blanc y cogne, qui influe sur l'humeur. Et, selon les heures, rend les gens gais ou atones. Lorsque, le 14 mai 1959, Patrick Bruel « brise la coquille de son œuf » (in « Flash-Back », « Alors regarde »), la ville s'est déjà — comme le reste du pays — largement détraquée la boussole. Une guerre pourrit. Brutale et monotone, somnambulesque et folle. Elle frappe sans regarder. Sans chercher. Sans trier. Dans les cinés et les cafés, dans les djebels. Tirs groupés, cris de blessés. En y repensant, Alexandre Arcady — réalisateur du « Coup de Sirocco », du « Grand Pardon », du « Grand Carnaval » etc., murmure : « Un bon conflit, ça n'existe pas. On tue des femmes, des fils, des pères. Et tout dégénère de vendetta en vendetta. » Claude Lelouch, qui (dès 1957) filme pour l'armée les hélicoptères à Oran, ajoute : « J'étais triste d'entendre De Gaulle balancer aux Pieds-Noirs : " Je vous ai compris ", alors qu'il n'avait rien compris. Triste de voir un tel gâchis. L'indépendance pointait déjà le bout de son nez qu'on en trouvait encore pour s'entêter. »

Ce déchirement honteux, ce gaspillage d'amour, Patrick Bruel ne l'a pas senti. Il était bien trop petit. Pour lui, l'Algérie se résume à une maison avec jardin. A de l'espace et des copains. Augusta, institutrice à Tlemcen, occupe un logement de fonction. Pas très grand, mais bon... Madeleine, sa tante, lui apprend à marcher. Débuts patinés. L'enfant — pourtant — s'empresse de galoper, d'enfourcher son premier tricycle, d'encaisser quelques gnons. De temps en temps, la gardienne de l'école « baby-sitte » ce « zoupon » turbulent. Il sait ce qu'il veut. Il a trois ans. La suite, Augusta la raconte presque froidement : « Il a fallu partir, nous sommes partis. » Jours gris. Pleins de pluie. Un bateau sur un quai, des valises, des paquets. Les bébés braillent, les hommes se « prostrent », les femmes pleurent. « Tout de même, on aurait pu rester... » « Tout de même, on a tout laissé... » Le dialogue oscille entre regrets déjà fanés, nostalgie d'une terre abandonnée et silences. Silences désespérés. Cette scène, Bruel la jouera, treize ans plus tard, dans « Le Coup de sirocco ». En cheveux courts à la cake et chemisette chiffonnée. Debout à la proue d'un paquebot blanc. Comme n'importe quel enfant, il regarde déjà vers l'autre rive. Celle où, demain, il devra vivre.

1962, les rapatriés débarquent par rafales. Et les métropolitains ont bien du mal. A comprendre. A accueillir. A accepter. La « parenthèse » algérienne leur a enlevé leurs fils pendant trop d'années. Ils ne vont pas pardonner. « Chiffre record : 76 avions venant d'Algérie ont atterri samedi », titre *L'Echo d'Oran* du 25 juin. Le quotidien poursuit : « 6 031 personnes ont quitté la ville, soit par mer, soit par air. Plus de 8 000 ont quitté Alger. » « La première année, se souvient la douce Augusta, il a fait très froid. » Froid dehors et froid dedans. La famille s'est installée dans une école d'Argenteuil (Val-d'Oise), au milieu de meubles qu'on lui a donnés. Des barres d'immeubles récents déjà fatigués trouent l'horizon. Est-on si loin du dénuement ? « Si y'a eu des problèmes, j' l'ai jamais su, tranche Bruel. Maman a fait écran. Et je lui en suis reconnaissant. » Le ton ne souffre aucune question supplémentaire. Chez ces gens-là, Monsieur, on ne crie pas misère. Les Benguigui — leur véritable nom — se sentent seuls, bizarres, à part. Ils viennent d'un monde sans ardoises sur les toits, sans nuages dans le ciel. D'un monde bavard, courtois, sans méchanceté. Patrick se colle, s'accroche à la main de sa mère. Il a raison de s'agripper. Augusta soupire et lâche : « Les enfants des autres enseignants le boudaient. » Les mioches, entre eux, cèdent parfois à ces cruautés.

L'hostilité ne demande qu'à s'estomper. C'est qu'il a de la ressource, le mouflet. Sur les clichés de l'époque, albums cartonnés qu'on remplit le soir après dîner, Patrick sourit large, dans un pull tricoté main qui permet de deviner ses rondeurs potelées. Il cause tout le temps. Tient la vedette en classe. Pique, pour des vétilles, des colères effroyables. Et se roule par terre à la moindre contrariété. Pour le convaincre de se relever — après des négociations à la James Baker —, trois solutions prévalent : a/l'achat d'une petite voiture; b/l'achat d'une petite voiture; c/ l'achat d'une petite voiture. Son placard en renferme des quantités. On le soupçonne donc d'être un tout petit peu soupe-au-lait. Quand même, il reste sociable. Lorsque des adultes lui demandent ce qu'il veut faire plus tard — de quoi j' me mêle ? — il hésite, réfléchit et réplique, triomphant : « Pompier ou chauffeur de bus. » Y a-t-il lieu d'ouvrir de grands yeux ? Pas vraiment. Le gamin voue un culte aux conducteurs de ces grands nougats verts depuis que l'un d'entre eux — dans le 27 qui mène à Saint-

Lazare — l'a pris sur ses genoux parce qu'il y avait un monde fou.

Les mois défilent, Patrick se profile. Il grandit. La télé l'imprègne. Comme elle déteint sur des cohortes de loupiots qui se couchent avec le marchand de sable de « Bonne nuit les petits », battent la campagne avec « Thierry la fronde », font les zozos avec « Zorro » et réclament des panoplies de « Thibaut les croisades » à des parents dans la panade : les costumes n'existent pas. Bruel ou les premiers pas d'un gamin très ordinaire qui shoote dans le ballon, boulotte du chocolat en douce et prend des gadins en patins. Son itinéraire d'un enfant ballotté le pousse du terrain de hand-ball où les gosses d'Argenteuil s'essaient au foot, le week-end, au treizième arrondissement de Paris. Augusta — nommée dans une école du cinquième — y a trouvé un petit appartement au cœur d'une HLM. Bien sûr, le môme suit. Il l'a toujours suivie. A la Sorbonne, en 1968, quand elle abritait les discours lyrico-visionnaires d'un certain Daniel Cohn-Bendit. Rue Gay-Lussac, quand les pavés volaient et que Jacques Paoli, sur Europe 1, s'enflammait. A des dîners de copines. Sur des plages italiennes. A Saint-Malo. En Israël. Ces deux-là s'aiment. Ces deux-là se comprennent. Il y a, chez

Augusta, de l'Augustine de Pagnol. Bout de femme-enfant, fragile et tenace en même temps. Elle a du caractère, Madame-mère. Ça se voit. Ça se sent. Dieu sait qu'il en faut pour élever seule un minot. « Qui c'est ce papa qu' j' connais pas ? », crache Bruel dans « Flash-back ».

On touche là à quelque chose d'intime et de poignant. Qui brûle, qui lancine, qui défend. Car Bruel se défend. En se fermant et en l'évacuant, ce « père-passe et manque mais j' ferai sauter la banque » (in « De Face »), qu'il n'a pas connu : « Je n'en ai jamais parlé. Je n'en parlerai jamais. C'est pas un truc pour les journaux. » Il se tait, s'abîme dans des pensées chargées, souffle et reprend : « Tout ça frôle le banal. Tout ça n'est pas plus important que pour les autres. Sauf que, en classe, tu t'aperçois toujours deux jours après la rentrée — rapprochement animal — que sur tes quatre copains, y'a trois enfants de divorcés. »

Ce père qui a séché l'enfance de son fils, Bruel le connaît. Il sait. Il sait que son papa, natif d'Oran, était enseignant lorsqu'il a épousé une jeune fille de Tlemcen. Il sait qu'il est parti à l'orée de ses un an. Soirs de chagrin. Soirs de peine. Il sait qu'il a rejoint les îles. Une autre existence. Il sait Bruel. Il l'a revu. Un peu, ici, un peu, là. Entre deux concerts, deux interviews, deux réunions. Entre deux obligations.

Rendez-vous de juin ou de juillet. Rendez-vous secrets.

Difficile de rattraper des années de pleurs sur l'oreiller. D'autant que la vie galope, s'emballe, que la vie vole et va. L'enfant a six ans, quand avance sur la pointe des pieds un papa de remplacement. Il est amoureux d'Augusta. C'est assez pour que Bruel s'intéresse et l'apprenne. Assez pour qu'il l'aime ? Ça y ressemble en tout cas. Un clan se reforme. Un gosse se calme et s'abandonne. Il redevient... comme les autres, c'est ça. Il rit, dribble et shoote du pied droit, joue aux échecs, chantonne. Beaucoup. Partout. « Aux marches du Palais » ? « Au clair de la lune » ? Et puis, quoi ? Non, Bruel chante son presque homonyme : Brel, Jacques Brel. Un soldat blême en noir. Son maître absolu. Il en est habité depuis qu'en 1964 Augusta est revenue un soir de l'Olympia, un 45 tours sous le bras. « Amsterdam et ses marins qui pissent », « Amsterdam » et ses putains qui font leur office. Avec le recul, sa maman pouffe : « Il entonnait la chose après dîner. Et de préférence quand nous avions des invités. Les gens étaient, mettons, un peu étonnés. Tous ces mots pas très comme il faut dans la bouche d'un si petit garçon... » L'année suivante, Bruel susurre des paroles plus douces qui — au moins — ont le mérite d'être étrangères. Celles de quatre jeunes gens dans le vent qui allument des émeutes, braillent « I want to hold your hand » devant des marées de gamines hystériques et désolent tous les pères d'Angleterre. Patrick et Augusta ont, sans se concerter, acheté « Michelle » le même jour. Logique. Les Beatles y parlent d'amour.

Augusta n'évoque pas facilement Patrick : « Tous ces journaux qui vous sollicitent... » Il faut bien qu'on l'y incite. Parce que son fiston, lui, ne se répand guère en confidences haletantes. Ses jeunes années ne courent nulle part. Insister pour savoir revient à déclencher la tourmente. C'est sans doute à la télé qu'il se livre le plus. Dans des programmes distillés à des heures de grande écoute. L' « Avis de recherche » de Patrick Sabatier où défile toute la classe de troisième B4 du lycée Henri IV. Ou la « Sacrée Soirée » que lui a consacrée Jean-Pierre Foucault. « Les cons me demandent : " Qu'est-ce que tu vas te commettre dans des émissions pareilles ? " Moi, je réponds qu'un 20 h 30 devient ce que tu en fais. J'ai aimé que Foucault me propose les clefs de TF1, qu'il me lance : " Invite qui tu veux. Va où tu veux. " » Bruel a convié Rod Stewart et Johnny Hallyday. Il a soumis à la question Francis Ford Coppola, réalisateur du « Parrain 3 » : « Le film qui m'a donné envie de faire du cinéma. » Il a dit ses blessures. Serré la pince à Papin. Susurré « la Javanaise » *a capella*. Foucault, Bruel l'aime bien. Le 17 janvier 1990, l'animateur a confié à Alexandre Arcady et à Augusta une caméra. Pour une surprise. Un constat.

Retour à Tlemcen. Retour au sepia. Là-bas, l'équipe technique fait défaut. Arcady ne ramène que des photos. Touché, Bruel regarde ces clichés lourds de jolis souvenirs, de jolis désirs. Les plaies sont fermées. Les blessures oubliées. Il ne lui reste rien à faire, sinon voyager à l'envers.

« Patrick est un enfant qui a envie de devenir un homme, et il fera tout pour devenir un homme bien. Il est encore dans l'enfance, mais avec une grande lucidité. Beaucoup d'acteurs veulent rester dans l'enfance, mais ils le restent seuls, car le public grandit et les oublie. Lui va durer. Il va aller plus loin encore. Au cinéma, j'ai envie qu'il prenne quelques rides, de petites rides, qu'il fasse un ou deux films et j'irai le chercher pour une grande aventure. »

CLAUDE LELOUCH

2

Nous nous sommes tant aimés dans les années 70

« 14 ans les Gauloises, c'est pas que ça plaise mais faut se forcer », hoquette Eric Charden dans les années 70. Les quatorze ans de Bruel ne le feront pas tousser. Ils vont l'accomplir. Ils vont le lisser. L'époque ? Ah, l'époque s'est décoincée. Mai 68, en France, puis Woodstock, aux Etats-Unis, ont ouvert les vannes. Libéré les esprits et les corps. Condamné le conservatisme à mort. On a vu des barbus prôner la révolution, échanger leurs copines et se livrer à la méditation transcendentale. Les autres ont tracé la route jusqu'à Katmandou ou Goa, fallait ça. Jim Morrison, poète disparu, a montré la voie. Kerouac, créé des clochards célestes. « Easy Rider », foncé tout droit vers ce joli pays qu'est l'univers des utopies.

Chez nous, aussi, tout s'assouplit. Simone Veil se prépare à légaliser l'avortement. Bernardo Bertolucci signe « Le dernier tango à Paris ». Et Bertrand Blier, dans « Les Valseuses », imagine trois paumés libertaires qui passent leur temps à se culbuter. Ce n'est pas du X, c'est de l'air.

Cette goulée oxygénée, Bruel l'avale en ado mi-conscient. Il écoute Montagné beugler « The Fool » à la radio (1971). Voit Polnareff afficher, sur les murs de Paris, la partie charnue de son individu (1972). Ecoute Sardou roucouler la « Maladie d'amour » et en conçoit de l'engouement (1973). A la télé, où d'autres chaînes sont venues étoffer celle qui abrita « Bonne nuit les petits », « Apostrophes » remplace « Ouvrez les guillemets ». Et les variétés du samedi soir — avec ballet d'Arthur Plaschaert — portent la griffe déjà usée de Maritie et Gilbert Carpentier. Seule tache colorée dans ce gris délavé : « Amicalement vôtre » ou les tribulations de Tony Curtis et Roger Moore, deux privés coureurs de jupons. « Nous ne manquions aucun épisode, confiera l'un des copains de Bruel à " Avis de recherche ". Je crois bien que Patrick se prenait pour Brett. » Sinclair réduit les méchants en poussière. Il s'agit donc d'un frère. Parallèlement, les choses s'emballent. Giscard choisit un ministre des Droits de la Femme nommé Françoise Giroud. Il y a des chômeurs, partout. On inaugure le Centre Pompidou. Deux rues plus tard, au Café de la Gare, Bouteille et les autres manient la truelle. Ils sont jeunes. Ils sont drôles. Ils portent des chaussettes en nylon qui leur remontent jusqu'aux genoux. Ils s'appellent Coluche, Dewaere, Guybet, Miou-Miou. C'est loin ? C'est là. A portée de main. Car quelques-unes de ces bouffées de passé rattrapent le présent. Sur « De Face » — le premier album de Bruel — Miou-Miou fredonnera une chanson nommée « J'ai l' béguin pour elle. » Tandis qu'au mur de l'appartement de Patrick pend encore le cliché d'un type un peu enveloppé en salopette rayée. Saint-Coluche veille sur ses enfants.

Bruel, c'est l'histoire d'un mec banal, d'un mec normal. A treize ans, l'univers se résume déjà à une longue catastrophe tranquille qu'on affronte tant bien que mal. Patrick a « le blues » (in « Flash-back »), ce n'est pas récent. La vie lui offre des compensations en la personne d'un petit frère : David, une poignée de kilos, zéro an. « Oh, ce fut l'une des plus grandes affaires de son existence », confie Augusta. L'aîné — effectivement — prend les choses très à cœur. Il s'occupe du minot, le promène, le garde. Tout ça à l'improvisade. Et n'hésite pas à quitter le lycée Henri IV, chaque jour à 15 heures, pour kidnapper, avant sa mère, le bambin aux portes de la crèche. Il a le visage dévoré par une longue mèche. S'habille sport. Traîne un sac US Army sur lequel il a gribouillé, au marqueur noir, quelques devises (« *Peace and love* ») certes kitsch, mais pleines d'espoir. Il y griffonne aussi le nom de « Deep purple » dont le « Black night » franchement gueulé fait s'envoler les niveaux verts sur le tuner. Ce sont des années d'apprentissage comme on le dit des romans. Des années d'adolescent. On refait le monde au « Quatre S », le Quatre Sergent, un troquet proche du lycée. On partage. On se « solidarise ». On est à vif. Y'a des motifs : pour d'obscures raisons, un type du lycée d'à côté est brutalement viré. Avec les autres élèves, Bruel descend dans la rue demander sa réintégration. La génération morale frémit. Elle balbutie. Peut-on corriger le monde ? Elle le croit. Et manifeste. Et braille. Et se bat. Contre la loi Fontanet. Contre la réforme Haby. Bruel est un pote avant l'heure. Un pote en kit. Qui pense, discute et polémique.

Il lui manque juste des copains qu'il puisse reconnaître pour siens. Juin 1973, Patrick « zone » avec David, en bas de chez lui, square de Choisy. C'est là qu'il rencontre « la bande ». Celle qui va l'aider à devenir « un grand homme ». Il y a Marion (Suffert). Il y a Pascale (Hania). Il y a Laurence. Il y a Eric. Il y a les autres. Tous les autres. Marion habite avec ses parents, au seizième étage d'une grande tour, un appartement qui devient le lieu de rassemblement du clan : « Y'avait du coca et des adultes par là. » Aujourd'hui, avocate à Barcelone — Bruel fut témoin à son mariage et signa dans le registre : « artiste de variétés » — elle se souvient : « On s'est trouvés un peu par hasard. Il jouait au foot avec un des élèves de ma classe. Quelqu'un du lycée Claude Monet. Je suis allée les voir. Nous avons discuté. J'ai pris l'habitude de revenir les encourager. C'était important. Ce garçon ne marquait des buts qu'en fonction de l'amour qu'on lui portait. La suite, j'en ai peur, manque d'originalité. On se racontait des histoires. On dansait. On se câlinait. Ça, on s'embrassait toute la journée. Et puis, on prenait des guitares et on chantait. Ce qu'on chantait ? Tout et n'importe quoi, surtout n'importe quoi. Des complaintes russes, Brassens, Peyrac, Le Forestier, Lama... Patrick nous faisait pleurer avec " Amsterdam ". » Moments de charme. Le groupe ne se quitte plus. Il émigre dans la Nièvre pour des week-ends à la campagne. S'expatrie à Cadaquès (Espagne), où la tribu-Marion fuit Paris, en juillet. Cadaquès — village de poupées — s'accroche à la montagne. La plage, ou *playa mayor*, étale des galets. On peut faire du bateau sur le Corsaire, le voilier des Suffert, ou, suivant son humeur, traîner dans l'un des trois cafés. Le Boya jouxte la grève. Le Meliton — où, dans les années 20, les surréalistes paressaient — aussi. Mais c'est au Bar Maritime — avec terrasse sur pilotis et ombrages de tamaris — que les mouflets abordent et s'arriment. Le soir, immuable scénario, ils dînent au Baluard, un bistrot crépi à la chaux. Dansent au Poron ou à l'Hostal qui, depuis, a fermé. Et le samedi, préfèrent le Sam, où pêcheurs et touristes s'essaient à la sardane. « Quand je voulais sortir, il fallait que Patrick m'accompagne. Oui, avec lui, j'avais tous les droits », pouffe Marion. Bruel loge chez elle ou chez l'habitant, c'est selon. Il se lance dans d'interminables parties de « plouc », un huit américain revisité, offre un récital avec Marion le 14 juillet et répète volontiers : « J' veux être chanteur. » « Passe ton bac d'abord », lui intime Georges Suffert, papa de Marion et journaliste réputé, en le gratifiant de bourrades et de (faux) marrons.

20 janvier 1975, la vie de Bruel prend un nouveau cap. Elle dérape. Ce soir-là, Patrick rage. Lui qui pense foot, parle foot, s'endort foot. Lui qui à Henri IV composait les équipes pendant la récré, essuie une mini-déroute. Il n'a pas réussi à dégoter, en ce soir de finale France-Pays de Galle, la moindre place, le moindre espace, au Parc des Princes. Effondré, il remonte les rues cahin-caha, dribble la Madeleine et perce la défense ennemie boulevard des

Capucines, devant l'Olympia. Là, Sardou s'affiche en lettres écarlates. Il achète un billet, entre et — claudélienne révélation — voit. Il ne manque que le pilier. « Pourtant, j'étais au dernier rang. La première partie m'a gonflé mais je suis resté. Pourquoi je suis resté ? Franchement, je ne sais pas. Quelque chose me poussait qui me répétait : " Tu vas faire comme lui. Tu vas chanter, toi aussi. C'est ce que je me suis répété pendant vingt minutes tout seul dans la salle. " J'ai couru chez un copain. J' lui ai demandé de me filer sa guitare. Et voilà. » Le terrain, quand même, était bien préparé. Pascale, la Pascale qui « s' marre tout le temps » (in « Place des Grands Hommes ») confirme : « Le lien entre lui et moi passait par Sardou. Sardou avant tout. Quand " Michel " squattait la radio, on faisait taire les autres. Ils se fichaient de nous. Mais j' t'en fous, on fredonnait : " La fille aux yeux clairs ", " Les villes de grande solitude ", " La maladie d'amour. " On était capables de dérouler le répertoire entier. Le soir où Patrick est allé à l'Olympia, il m'a simplement chuchoté : " Oh, là, là, et dire que tu n'étais pas là. " » Il faut reconnaître que Pascale et Patrick piétinent au concert ensemble depuis très longtemps. Ils applaudissent Sanson, apprécient Fugain, adorent Lavilliers, s'emballent pour Higelin. Ils suivent leurs chouchous de la pizza du Marais au Zénith. Endurent des attentes de plusieurs heures pour apercevoir le chanteur deux minutes. « En quinze ans, je n'ai pas dû rater grand monde », soupire Bruel. Il se définit comme un fan dans l'âme. Un groupie enthousiaste, qui, dès 1973, prenait le train pour applaudir les Stones à Bruxelles en oubliant d'avertir sa mère. Il comprend donc ses admirateurs. Estime leurs élans. Respecte leur ferveur. Il a vécu les mêmes galères. Il a connu les mêmes bonheurs.

1976. Patrick hérite d'un nouveau petit frère, Fabrice. A l'époque, c'est Pascale qui assure le baby-sitting. Aujourd'hui, c'est sur Bruel qu'elle veille, non sans délices. Elle vérifie ses comptes, range ses papiers, gère son fan-club : « 14 Production », ainsi nommé parce que le 14 reste, pour Bruel, un chiffre de prédilection (il est né un 14 mai). Bruel ou de la fidélité. Bruel ou de l'amitié. « Quelquefois, je lui ai fait des trucs pas nets, avoue Marion. Des griffures. Des puits à repentir. Il n'a jamais voulu s'en souvenir. C'est un type bien. C'est un pote. C'est Mon pote. Si on se revoit ? Bien sûr, oui. Je passe à Paris. On mange des spaghettis. J'ai traîné mon mari à l'Olympia. J'ai vu Patrick au Zénith. Hector, mon fils de deux ans et demi, l'adore. » En 1989, Bruel fait son « Avis de Recherche. » « Sabatier m'a dit :

“ J’ t’embarque. ” Je me suis laissé embarquer. » Le résultat ? Emouvant, vraiment. L’équipe de TF1 s’est défoncée. Elle a retrouvé les anciens d’Henri IV (1973-1974). Convoqué la bande à Marion. « Duplexé » avec Patricia, l’amour brésilien de Patrick à seize ans. Les premiers rappellent que Bruel prenait 50 centimes pour imiter, sur les mots d’excuses, la signature de leurs parents. Les seconds massacrent une chanson de Véronique Sanson, c’est charmant. La troisième fredonne avec lui un standard de son pays. Patrick, aussi, a préparé quelque chose. Un cadeau. Un refrain. Essaim de mots assemblés par Bruno Garcin. « On s’était dit rendez-vous dans dix ans / Même jour, même heure, mêmes pommes / On verra quand on aura trente ans / Sur les marches de la Place des grands hommes / Le jour est venu et moi aussi / Mais j’ veux pas être le premier / Et si on n’avait plus rien à se dire, et si et si, j’ fais des détours dans le quartier. » Ce soir-là, Pascale le raconte avec une voix tremblée : « Il était très angoissé. Je l’ai accompagné en voiture. Et il a commencé à entonner “ Place des Grands Hommes. ” Systématiquement, il passait le vers qui me concernait (“ Et toi, Pascale, tu te marres toujours pour rien ”) sous silence. Exprès. Moi, j’en étais malade. Je l’engueulais : “ Comment ? Tu chantes dans deux heures et t’as encore des blancs ? ” Deux heures plus tard, il m’a regardé.

J'avais envie de pleurer. » Marion, elle, ne s'en est pas privée : « C'est une phrase qu'on s'était dite, ça : " Rendez-vous dans dix ans. " On n'y croyait pas trop, mais bon... Après l'émission, on s'est retrouvés dans un café. On parlait tous en même temps. On était un peu beurrés. On échangeait des photos de nos enfants. On comparait nos rêves. " T'as pas changé, qu'est-ce-tu deviens ? " Moi, j' voulais faire du droit, j'en avais fait. Eric voulait être médecin. Il l'était. Laurence, femme d'affaires. Elle en concluait. Le lendemain, on était tristes. On s' manquait. Alors, on s'est téléphoné. » Quelques mois plus tard, un clip d'Elie Chouraqui (réalisateur, entre autres, de « Qu'est-ce qui fait courir David », de « Paroles et Musique » et de « Miss Missouri »...) décalquera cette rencontre. On y voit des copains s'embrasser dans un bistrot, des copines reformer un pendentif qu'elles avaient partagé dix ans plus tôt. On y sent des morceaux d'enfance. Des regrets. Une éclipse. Nous nous sommes tant aimés dans les années 70.

« Si j'ai tourné deux des clips de Patrick (" Place des Grands hommes " au Panthéon et " Décalé " dans l'île de la Réunion), ce n'est pas que j'aime tourner des clips. C'est parce que j'aime Patrick. Je l'ai connu, voilà six ans, sur le casting de " Paroles et Musique ". Je l'ai revu avec des amis : Vincent Lindon, Richard Anconina ou les frères Boujenah. Ensemble, on est allé dîner. Ensemble, on a parlé de nos métiers et on s'est disputé sur les films qu'on avait ou qu'on n'avait pas aimés. On évoquait les mêmes choses. On s' racontait les mêmes histoires. Ceci explique peut-être que j'ai du mal à voir Patrick comme Patrick Bruel, phénomène de société. Encore que... Nous sommes partis ensemble aux sports d'hiver l'an dernier, et, dès le remonte-pente, les gens le reconnaissaient. Comme ça, en une fraction de seconde. Ils riaient, le hélaient, s'agglutinaient. C'est qu'il faut le voir sur scène, Patrick. Juste après le Zénith, je lui ai envoyé un télégramme. Ça disait à peu près : “ Je croyais être surpris, je suis époustouflé. Je croyais que ça me plairait, je suis emballé. ” Et, vraiment, je le pensais. L'époque réclame une idole par génération. Pour celle que nous vivons, je crois bien que c'est lui. Il a quelque chose de Tennessee. Quelque chose de Johnny. Patrick est quand même le type qui chante le moins en concert. Tout le monde chante pour lui. Alors, j' l'appelle “ Les Beatles ” et, en général, ça l'ennuie. Evidemment, j'ai des projets-ciné pour lesquels je pense à lui. Mais pas maintenant. J'attends. J'attends que cette espèce de folie retombe. J'attends qu'il soit moins stressé. Qu'il soit plus disponible, oui, plus épanoui. »

ELIE CHOURAQUI, réalisateur

3

Vacances aux colonies

Le rêve commence par un retour en Algérie. Juin 1978. Le 14. Le monde pense disco. Il a chopé « La Fièvre du samedi soir ». Sur les murs, on affiche Travolta. Paris héberge une certaine Louise Veronica Ciccione qui ne s'appelle pas encore Madonna. Elle chorise derrière Patrick Hernandez, dans le tube « Born to be alive ». Dire Straits dynamite la planète avec « Sultans of Swing ». Et Alain Souchon matraque son « Jamais content ». Le 14 juin, Patrick révise son bac. Sartre et la philo. L'économie du Brésil, du Japon, des Etats-Unis. La montée du fascisme, du nazisme. Les exponentielles et les logarythmes. Il fait sciences-éco. Il pense à l'été qui rapplique, à la coupe du monde de foot qui galope, à ses vacances studieuses : G.O. au Club Med au Mexique. Un job pas mal. La bouffe est bonne, et les gens sympas. Il a le ticket d'avion, il a le contrat.

Le 14 juin, un journal du matin. Goldorak débarque du Japon, et le jogging des Etats-Unis. « Star Wars », le film de George Lucas a fait des petits, Woody Allen envoie une carte postale de « Manhattan ». L'Equipe de France va se taper l'Argentine. Et puis, une petite annonce, en caractères gras. « Pour jouer le fils de Roger Hanin, Alexandre Arcady recherche un adolescent entre seize et dix-huit ans avec accent. » L'accent pied-noir, bien sûr, ajoute *France-Soir*. Alexandre Arcady prépare son premier long-métrage, « le Coup de Sirocco ». Une histoire quasi autobiographique, adaptée d'un roman de Daniel Saint Hamon. Avec l'exode, il a quitté la casbah, et son Alger natal. Des épines dans le cœur, de l'amertume, de la mélancolie. Il a fait le comédien, dirigé le théâtre de Suresne, et réalisé « Don Juan » pour la télé. Les copains de Patrick lui parle de cette annonce. « Vas-y, tu es de là-bas, dis. » « O.K., dit Patrick à ses potes, mais prêtez-moi une mob. »

Sur sa mob, il y va. Devant la porte, une file d'attente. Des dizaines de jeunes gens, entre seize et dix-huit ans. De jeunes comédiens, des fils de pieds-noirs. Il fait tard, il fait beau, il fait chaud. Trop chaud. Patrick en a marre. « Je m' barre. » Dans la pièce à côté, Arcady fait passer des essais à des adultes. Il a besoin d'un adolescent pour donner la réplique. Il a besoin d'un Paulo, c'est le prénom du jeune héros. Arcady envoie son frère chercher un môme dans le couloir. Patrick s'apprête à dire bonsoir. Il est debout. On l'embarque. Une salle, des gens. Un examen à voix haute, pire que l'oral du bac. Patrick fonce, s'éclaircit la voix et monte au charbon. Il a le cœur qui bat, mais le soir, il joue le rôle du pharmacien dans « Knock » au Club de théâtre du lycée. « Venez donc me voir » lance-t-il avec l'accent. Les rires éclatent. Tout le monde rigole. « Heureusement, Arcady n'est pas venu, confie-t-il après coup. Mais cette rencontre entre nous, c'est un signe incroyable du destin. » Patrick croit au destin. Il croit aussi en lui. Il a dix-neuf ans, de l'allant, du tempérament, de l'instinct. Il dit sa scène et puis disparaît. C'est le temps du bachotage avec les copains. On avale des cahiers, des bouquins, des fortifiants et des médicaments pour la mémoire. On se lève tôt, on bûche jusqu'à la nuit. Entre deux révisions, on regarde aussi les matches à la télévision. Patrick s'amuse à retrouver l'accent, pense au film, à la réponse qui ne vient pas, et puis il n'y pense plus. Il y a ce bac, les sujets qu'on décachette, les lignes qu'on aligne, les résultats si longs à se révéler. Des noms sur des feuilles blanches, enfin. Manque le sien. Raté, à un point. Mauvais point, mauvaise journée. Il reste la musique et le Mexique pour se consoler.

17 juillet. Patrick boucle son sac-à-dos chez sa grand-mère. Des jeans, des tee-shirts, des baskets, une guitare, des cassettes. Il oublie celles de Georges Brassens, de Jacques Brel. Le 18 juillet, à midi, il monte chez lui en courant, les prend. Le téléphone sonne toujours deux fois. « Allô. » « C'est Arcady. Je t'ai choisi. » Patrick tombe des nues. Quoi dire ? Quoi faire ? Dans sa poche un billet d'avion, son contrat de G.O. « J' peux pas, j' pars. » Arcady le veut, il trouve les mots pour le dire : « Projette-toi dans le temps, imagine dans quelques mois, on parle du film chez Drucker, à la télé. A ta place, y'aura le gus qui aura joué Paulo. Vous pourrez l'applaudir toi et ton sombrero. »

Il accepte enfin. Out le Mexique. Destination la Tunisie.

Là-bas, des palmiers, comme en Algérie, de grandes avenues, des maisons blanches. Une façon de se rapprocher de son enfance. Sur le tournage, Patrick se reconstitue une famille, des racines. Beaucoup de gens de l'équipe ont vécu là-bas. Roger

Hanin, Marthe Villalonga, Attica Guedj. Il se sent bien, il se sent chez lui. Tout l'intéresse. Les coutumes, le pays. Il découvre en bloc les répétitions, les prises, le jeu des lumières et des caméras. Les grandes tables où l'on prend les repas en groupe, en parlant du temps qui passe, du théâtre et du cinéma. Le cinéma, Patrick l'a dans la peau qui se dore illico au soleil de la Méditerranée. Il est contaminé. « J'ai le virus, c'est vraiment bien, quoi, j'ai pas envie d'arrêter. » Arcady l'encourage : « Généralement, une fois que les jeunes comédiens empochent un rôle, ils pensent que c'est gagné, ne font aucun effort. Chez Patrick, on sentait l'envie d'apprendre, cette curiosité incroyable envers cette machine qu'est un long-métrage. » Son rôle : Paulo Narboni, fils d'Albert et Marguerite (Roger Hanin et Marthe Villalonga). Dans le film, il a dix-sept ans. Il en avait quatorze au moment des accords d'Evian. C'est lui, le narrateur de l'histoire. Il raconte son père, Albert qui revient de la guerre, la petite épicerie de Tadjira, près d'Oran, le certif', le curé-jazzman, le premier flirt, l'équipe de foot de Notre-Dame. Et puis, le drame. Le départ, le bateau où il pleure tant d'eau, l'arrivée à Paris, l'hôtel miteux, l'intégration, le coup de déprime de sa mère, et les Parisiennes aux bas nylon. Toute une génération partie « une main devant, une main derrière ». « Le Coup de Sirocco », c'est l'histoire de Patrick, et celle d'un peuple déraciné. L'un des rares films sur le sujet. Patrick parle beaucoup, pose des questions, trouve des réponses, sur la vie en Algérie, sur lui. Il se cherche encore, il se cherche un nom.

« Les premières feuilles de service porteront le vrai, Patrick Benguigui. Les dernières, celui de Bruel, le patronyme d'une branche éloignée de la famille, l'aile droite. Tiens, je m' suis dit, des Bruel, c'est un beau nom. » Patrick s'appellera désormais Bruel. Mais la vie, ce n'est pas du cinéma. La rentrée 78/79, le remet sur les rails du lycée. Un bac B à attraper à la fin de l'année. Et sur son agenda, une croix blanche au 18 avril 1979 : date de la sortie du « Coup de Sirocco ». Des premiers pas sacrés, de sacrés premiers pas.

« J'ai hésité longtemps avant de choisir Patrick Bruel pour " Le Coup de Sirocco ". Je suppose que François Truffaut aussi a été envahi par le doute avant de se décider pour engager Jean-Pierre Léaud dans " Les Quatre cents coups ". J'ai attendu, j'ai pris le temps.
Je crois que " Le Coup de Sirocco " a chamboulé sa vie. C'était son premier film, c'était mon premier film, et l'histoire d'une rencontre, de deux rencontres. »

ALEXANDRE ARCADY, réalisateur,

4

Les années galère

Imagine there's no heaven
It's easy if you try
No hell below us
Above us only sky

John LENNON

En 1979, tout est encore possible. Les punks sont morts, et le rap balbutie. Le dollar dépasse à peine les quatre francs. Tentant. Patrick perd l'accent (pied-noir) mais passe l'écran, son bac, et le mur de l'Atlantique. Un cachet pour le prix d'un billet. Un aller-retour aux States, quinze jours avec une copine. Un peu court. Il laisse filer le retour, rentrer la copine et pose son sac dans la grosse pomme. Neuf mois à New York. New York qui vibre à chaque block. Sur les portes vitrées des boutiques, Diana Ross affiche son nouveau brushing. Michaël ne joue pas les Jackson et matraque « Off the wall ». Pink Floyd bétonne le sien. Supertramp côtoie Police et Patrick Juvet dans les bacs ricains. Prince envoie des cartes postales du Palace, Paris, France. Là-bas, Lavilliers « Stand the ghetto ». Et Jean Seberg est découverte à bout de souffle à l'arrière d'une voiture. Fin d'une époque. A New York, on prépare les années quatre-vingt. C'est l'été indien. « Apocalypse Now » provoque des émeutes dans les cinés. Et les boîtes à la mode font courir Warhol, et ses branchés. New York, capitale du Night-Clubbing. Patrick suit, sort et remonte les rues, les avenues. Par un copain commun, comédien, il rencontre Gérard Presgurvic. « Je sortais de galères, de groupes divers à Montpellier, et j'ai rejoint Philippe Bourgoin qui était en Fac de ciné à New York », se souvient Gégé qui lui aussi y a ouvert ses valises. Début d'une amitié, début d'un coup de foudre avec La Ville par excellence, capitale d'acier, de verre et d'asphalte. Patrick la ressent à fond. « New York donne une énergie énorme. J'y ai vécu ma pleine période de révolte. » Il y grignote donc pendant neuf mois sur les économies du « Coup de Sirocco ». Et puis retourne au bercail.

Mai 80 à Paris, c'est le festival de Cannes. Gérard pousse Patrick à y aller. Il a raison. Dans cette grande foire cinématographique, il est bon de se montrer de face. Personne n'a oublié le petit Paulo du « Coup de Sirocco ». En smoking aux cocktails, aux projections, Paulo virevolte, essaie de se placer. Margot Capelier, Madame Casting du cinéma français, prend ses coordonnées. En attendant de flirter de nouveau avec la caméra, Patrick raccroche au Club Med, pour l'argent de poche. Pour sentir le public aussi, c'est un coup d'essai, une bonne approche. « De 77 à 81, pendant les vacances scolaires, j'ai donc fait G. O. Chanter devant sept cents personnes tous les soirs, y'a pas meilleure école ! ». La rentrée arrive à pas pressés. Pendant l'été, on a enterré Joe Dassin et Tex Avery. « Le Dernier Métro » de Truffaut truste les écrans. Patrick piétine, attend, entend. A la radio, Chagrin d'amour (Valli et Gregory) chantonne « Cinq heures du mat, j'ai des frissons... ». Derrière « Chacun fait c' qui lui plaît/plaît, plaît » — premier tube de la décennie : 1,3 million d'exemplaires vendus — se cachent deux compères, Gérard Presgurvic et Philippe Bourgoin. Le rap débarque en France. Et repart, instantanément. Avant Noël, Sophie Marceau monte au créneau. « La Boum » de

Pinoteau réconcilie les parents et les ados. Patrick poursuit son Deug d'anglais. Avec Presgurvic, il mitonne une maquette, et l'envoie chez Barclay, à un directeur artistique rencontré au Club Méditerranée. Un quarante-cinq tours apparaît. Il s'appelle « Vide ». La pochette est rouge. Y'a un grand clap noir au milieu, avec inscrit en toutes lettres : Patrick Bruel 1re. Il chante à la fois comme Cocciante, Lama, Sardou et Brel. Des mots doux qui explosent en solo de guitares finales. Il dit : « Vide / Ma vie est vide/ J' suis dans un embouteillage / De souvenirs et de visages / J'ai pourtant pas pris le chemin / J'ai pas suivi tous les copains / J' voulais rester à l'écart / J' me suis paumé dans l' brouillard / Vide / Je me sens vide/ J' voudrais chanter tous les soirs / Mais faut qu' les gens viennent me voir / Ma vie c'est faire des chansons / C'est mieux qu'un job, c'est un don / C'est comme un sacré risque / De passer sa vie sur disque... » Le single est mort-né. La maison de disques se restructure. « Vide » est oublié.

Alors, commence la course aux cachetons. A la télé, on le voit passer la tête chez Maigret, dans la série « Paris Saint-Lazare ». Au ciné, il traverse « Ma femme s'appelle reviens » de Patrice Leconte. Il y joue François, le bon copain d'une fille de dix-huit ans, petite amie de Bernard (Michel Blanc). Au générique, Anémone, Christophe Malavoy, Charlotte de Turkheim. Patrick écoute, Patrick apprend. Olga Horstig-Primuz, son impresario (l'impresario de Brigitte Bardot, de Michèle Morgan...) le conseille. « Marthe Villalonga me l'avait envoyé après " Le Coup de Sirocco ". Il avait beaucoup de talent, et des talents multiples. Comédien de cinéma, compositeur, chanteur. Il pianotait, pinçait de la guitare. Et puis, il a débuté au théâtre, et les planches lui ont sûrement servi énormément pour apprendre comment dompter un public lors de ses tours de chant. »

La pièce, écrite par Pierrette Bruno, s'appelle « Le Charimari ». Elle raconte l'histoire d'un homme de cinquante ans (Pierre Tornade) atteint du démon de midi. Avec l'aide de son fils, et du copain de son fils, l'épouse (Micheline Boudet) tente de le récupérer en faisant croire que le copain est amoureux d'elle... Patrick prête sa tchatche au copain, Bertrand Lacy (Bertrand Penot, à l'époque), se charge du fils. Ils se sont connus quelques mois plus tôt à un casting de pub, un matin de mars. « Une heure après, on déjeunait ensemble. On a parlé musique, il enregistrait des maquettes en vue d'un disque », se rappelle Bertrand. Patrick est branché sur « Le Charimari ». Il tuyaute Bertrand, et les deux sont choisis par René Clermont, le metteur en scène. « On a commencé à répéter pendant l'été au Théâtre Saint-Georges ». En septembre, la générale est un triomphe. « Il y a deux jeunes garçons qui, pour une fois sur le boulevard, n'ont pas l'air d'être tombés de la lune. On sait combien ces rôles d'affreux jojos sont en général artificiels et faux. Je vous jure pourtant que Bertrand Penot (Lacy) et Patrick Bruel ont figure humaine. Le premier se tire gentiment de situations archi-conventionnelles ; et le second met la salle en joie avec d'énormes grimaces et un aplomb terrible. A surveiller. » Pierre écrit, Marcabru dans *Le Figaro* du 10 septembre 81. Cet homme a du flair.

« Le Charimari » va se donner au Théâtre Saint-Georges pendant deux années. Patrick y fait huit entrées par soir, durant deux saisons. « A chaque fois que j'ouvrais la bouche, la salle était morte de rire. J'ai joué 460 fois avec le même bonheur. C'était ce qu'on appelle un rôle en or. » Avec Bertrand, ils forment la paire. Sur scène, il y a un piano, ils chantent des chansons et s'en donnent à chœur joie. Ils se font des blagues aussi. Dans la scène de l'anniversaire, celui de la mère, Patrick, costume jaune canari, chemise noire, doit rester loin du cocktail dressé au fond. Mais Patrick ne mange jamais avant de jouer. « Au bout de la troisième représentation, il a commencé à s'approcher subrepticement du buffet pour dévorer des canapés. Et puis, il a pris l'habitude de dîner sur scène, de dos, pendant que l'on jouait.

» Un soir, on a remplacé le pâté par du Canigou. On était tous suspendus à ses lèvres, c'était le cas de le dire. A tel point qu'il y a eu un blanc d'au moins dix secondes entre deux répliques. Patrick a reniflé le canapé, l'a reposé, en a pris un autre, et, nous voyant au bord du fou rire, a tout compris. » Dans sa loge, Patrick regarde les infos sur sa petite télé portative. « Lui ne se prenait pas au sérieux, mais il prenait son travail très au sérieux, témoigne Bertrand. Il savait déjà ce qu'il voulait. »

Avec son cachet, il achète un studio à Jussieu, mais préfère vivre chez sa mère, avec ses frères. Il roule en R 5 alpine, très vite, retrouve ses potes à l'Elysée Mat', la boîte à la mode près de Champs-Elysée-Clemenceau. Il fréquente ses copains de toujours, ses potes-comédiens, Florent Pagny, Riton Liebman, Charly Chemouni. Tous courent les castings. Et l'année 82 en réserve quelques-uns. Jacques Renard s'apprête à réaliser « Un mort à zéro », un film sur le milieu du foot, et convoque à un match-essai en short, maillot et ballon rond, vingt acteurs sachant tacler. Pour « L'Eté meurtrier », Jacques Becker voit défiler quasiment tous les garçons de Paris, entre dix-huit et vingt-cinq ans, susceptibles d'interpréter le frère d'Alain Souchon. Manuel Gélin empochera le rôle. Elie Chouraqui monte « Paroles et musique ». « J'ai fait le casting, on n'a pas voulu me recevoir. C'est l'objet d'une blague par semaine avec Chouraqui » se marre Patrick. On le voit au générique des « Diplômés du dernier rang » de Christian Gion. Une comédie qu'il veut oublier. Dans un Institut de Droit et d'Etudes politiques, des cancres se sont lestement installés, sous l'amphi, un salon pour causer, pomper, faire l'amour... Patrick interprète Philippe, un étudiant qui essaie désespérément de se faire réformer.

L'armée, il faut y passer. Le voici incorporé au 120e régiment du train à Fontainebleau. C'est le contingent de décembre. Patrick joue toujours « Le Charimari ». Il fait ses classes, et ses nuits sont blanches. « L'armée et le théâtre, pas facile à combiner. Heureusement, y'avait le système D, et des capitaines compréhensifs. » Dans la chambrée, l'écrivain Didier Van Cauwelaert : « Patrick avait obtenu la permission de continuer à tenir son rôle au théâtre pendant les deux mois de classes. Il quittait la caserne à six heures le soir, revenait à cinq heures du matin, écrit-il dans *Jours de France* du 11 octobre 1986. Ce rythme éreintant lui permettait de traverser sans dommage les obligations militaires, comme ce jour où, passant à la hauteur d'un général que je m'étais appliqué à saluer à dix pas, il lui glissa sans même le regarder, les mains dans les poches de son uniforme : “ Ça va, heu... ” »

Ces années-là, on ne les oublie pas. L’époque des débrouilles, où l’on se démène, où l’on espère. Patrick a l’âge de jouer les frères, les fils, les étudiants, les musiciens. On le voit au ciné dans « Le Bâtard » de Bertrand van Effenterre. Il avait tout fait pour paraître au générique du « Grand pardon » d’Alexandre Arcady, l’année d’avant, des maquillages, des essais. « Mais je trouvais qu’il ne collait pas au rôle physiquement. Aujourd’hui, je pense que j’ai fait une bêtise » admet Arcady. Il se rattrape dans « Le Grand Carnaval » qui marque d’une pierre blanche la quille du service national. Luc Besson est le réalisateur de la seconde équipe. Philippe Noiret joue le père de Patrick, qui s’appelle Pierre-Marie Labrouche. C’est le fils du maire. Un adolescent secret, taciturne. « Fermé, ce garçon », dit Noiret-Labrouche en regardant partir son fils à cheval. « Patrick m’a dit : “ On va pas faire comme sur un tournage traditionnel, commente Arcady. Je serai là tout le temps. ” Il a construit son personnage au fur et à mesure, toujours présent sur le plateau, même lorsqu’il n’avait pas de scène. Ça caractérise son esprit : l’envie de faire, et de bien faire. » L’histoire se passe en novembre 1942, en plein débarquement allié à Tadjira, petite ville d’Algérie. Il y a les

Américains, les ouvriers arabes, les événements qui se préparent et Sylvette (Fiona Gélin) qui fait tourner les têtes... Patrick est à la fête. Noiret veille sur lui et s'exclame — tonitruant — à l'heure du déjeuner : « Ah, Patrick Bruel, venez donc vous asseoir à côté de moi. J'ai du poids dans le cinéma français. » Noiret lui chuchote à l'oreille : « caractère et situation » deux mots clés de Stanislavski, l'auteur de la bible des jeunes comédiens. A l'ombre des géants, lui aussi devient grand.

En décembre 1983, « Le Grand Carnaval » truste les écrans. Le dernier trimestre a été bon, dans l'ensemble. En octobre, on a vu Patrick sur Antenne 2 dans « Des larmes comme des couteaux ». Il tourne à la suite « Les malheurs de Malou » avec Bernadette Lafont, qui raconte les déboires d'un tandem de journalistes. Et « Mariage Blues » avec Florent Pagny et Valérie Rojan : une affaire de potes, de cascades et de noces blanches. Un quarante-cinq tours pointe à l'horizon, écrit en collaboration avec Gérard Presgurvic. Ça s'appelle « Marre de cette nana-là ». Patrick y portraitise une nana qui l'incite aux quatre cents coups, à porter un anneau à l'oreille, à aller en prison, à Saint-Trop', et à faire rimer jaguar avec hasard. Danyel Moine, pour *Salut,* assure la première interview de Bruel chanteur : « Il trouvait que ça n'allait pas assez vite. Alors, il avait décidé de prendre les choses en main, de faire sa promo tout seul. »

Les manches relevées, Bruel se sort d'affaires et chante à la télé. Premiers galons de star. Derrière lui, quatre copines danseuses : Valeria, Nathalie, Agnès et Sophie. Michel Blanc regarde « Champs Elysées ». Il cherche une jolie pépée pour vamper Gérard Lanvin dans « Marche à l'ombre », sa première réalisation. Sophie Duez fait des essais. Engagée. Patrick panouille à l'amicale : un petit rôle de musicien. Sur la ligne Châtelet-Mairie des Lilas, il défend son bout de métro, guitare et ampli branché, jean, tiag, et tee-shirt gris avec inscrit en énorme les lettres T. H. : « J' te signale que t'étais à ma place. Ici on joue pas n'importe où, y'a des règles », aboie-t-il à Michel Blanc qui part en courant. « Il était vraiment adorable », commente Blanc, pas rancunier. Patrick branche Sophie Duez sur son agent, qui la prend. Et s'en va chez Lauzier. L'auteur de bédé a viré au ciné depuis « Je vais craquer ». Il impose Bruel en rival de Guy Marchand dans « La Tête dans le sac », une satire du monde de la publicité. Il incarne Dany, tête à claques, fils de pub, fils à papa, partout dans son assiette, pique-assiette et piqueur de maîtresse et de clients. Guy Marchand répète sans démordre : « J'ai cinquante ans, j' suis bien. » Mais Patrick le double tout le temps. « La Tête dans le sac » sort en octobre 84. Patrick n'a pas mis la tête dans le sable pour autant.

Ce juillet-là, c'est son été coca-cola. Une pub tournée en Espagne, par les Américains. Quatre musiciens sur un radeau gratouillent leurs guitares et repêchent deux nénettes. L'un des musiciens n'est autre que Bertrand Lacy. L'une des minettes, Anaïs Jeanneret (révélée par « Péril en la demeure » de Michel Deville). L'équipe levée aux aurores (cinq heures du matin), poireaute quatre heures sur le radeau. Le tournage dure une semaine, tout le monde s'entend bien, on les retient. Un peu de vacances en plus avant d'entamer la saison sur les planches. Maria Pacôme, elle aussi croisée sur une pub, monte « On m'appelle Emilie » au Théâtre Saint-Georges, que Patrick connaît des cintres aux combles, dans une mise en scène de Jean-Luc Moreau. La pièce installe trois squatters dans un immeuble en ruine : Jaja (Odette Laure), une clocharde qui avale des carottes râpées, Emilie, une cartomancienne qui perd la boule (Maria Pacôme), et son fils adoptif, Henri (Patrick Bruel) un guitareux paresseux qui chantonne du Lalanne. Ils sont menacés d'expulsion, mais un journaleux débarque. Il va faire monter la tension.

La critique est excellente. « Une mention spéciale à Patrick Bruel, chanteur à succès, comédien auquel je crois que l'avenir fera une place », prophétise François Chalais dans *France-Soir* du 24 octobre 1984. A ce moment-là, Patrick privilégie déjà la chanson, et arrête la pièce à la fin de la saison, remplacé par Stéphane Bierry (« Les Compères » de Francis Veber). « Poisson d'amour », de Philippe de Broca, un projet de comédie avec Sophie Marceau tombe à l'eau. Mais, niveau boulot, Bruel est « booké ». Et question succès, il peut être rassuré. « Mon agence était située galerie du Lido, aux Champs. Lorsqu'on entendait sprinter dans le couloir, on savait que c'était Patrick qui venait se réfugier. Les filles lui couraient après sur les Champs-Elysées. A l'époque, il recevait deux cents lettres par jour, se souvient Olga Horstig-Primuz. Il arrivait les cheveux longs, les jeans lacérés aux genoux. Je lui faisais la guerre. Il se cachait les yeux en disant : “ Je sais, je sais. ” Patrick était très attentif, très difficile sur le choix des scénarios. C'est quelqu'un d'intelligent, responsable depuis toujours, puisqu'il s'est occupé de ses deux frères. Il se sent chef de famille. Il a accompagné David aux résultats du bac. Et m'a confié qu'il se répétait sans arrêt, en attendant dans la voiture : “ S'il l'a, je lui offre une voiture. Mais s'il ne l'a pas, je l'engueule ? Je le console ? Qu'est-ce que je fais ? ” David est revenu, le visage fermé. Il l'avait. »

« Patrick, il est comme tout le monde, la différence c'est que c'est mon pote. »

Bruno Garcin,
dans le programme du « Charimari ».

5

De front, de face

C'est l'année de tous les dangers. Année en pointillés. Indochine brâme « Le troisième sexe » (« Et on se prend la main… »). Marc Lavoine braque ses « Yeux revolver » un peu partout sur l'univers. Une blondinette — aux pieds en dedans — Rosanna Arquette éclipse Madonna dans « Recherche Susan désespérément ». Bruel, lui, fait dans le platouilleux sympa : « C'est au troisième que ça se passe / Me dit une jupe bleue qui passe / J'avais acheté un gâteau / On m'l'a braqué dans le métro. » « J'attends Lola » n'a rien de subversif. Rien de corrosif. Le pouvoir et les familles peuvent dormir tranquilles. Broutille. Pourtant, Patrick mouline. L'été suivant, il assure la première partie de Patrick Sébastien. Y essuie des débuts câlins. « J'ai vécu une belle ambiance de tournée avec, toutes les nuits, un hôtel, des visages, des villes et des couleurs qui changeaient. » Mais l'histoire se répète. Elle bégaie. En 1985, Bruel plonge dans « P.R.O.F.S. » de Patrick Schulmann (« Zig-Zag Story », « Et la tendresse?... bordel ! »). La chose est un *remake* des « Sous-doués » mais à l'envers et en plus fin. En plus malin. Pour trouver le bon chemin, est-il d'autres moyens que de s'égarer ? Patrick y campe — aux côtés de Fabrice Luchini, Laurent Gamelon et Christophe Bourseiller — un prof de lettres iconoclaste et subversif qui met à mal le système éducatif. Vent de liberté au bahut. On retrouvera ça, cinq ans plus tard, dans le film préféré de Patrick Bruel, « Le Cercle des poètes disparus ». « Monte sur les tables, te laisse pas faire, ta vie sent le renfermé, aère ». Bref, *carpe diem,* version prisu. Joli thème. Et pas si convenu. Inventaire en chaîne : une cour cimentée, une machine à café, un vieux stalinien, une déprimée. Et Frédéric Game (Patrick Bruel) qui vient gripper la routine du lycée. Il sèche ses propres cours. Décore la salle des professeurs. « Cristallise » une scientifique dodue et ruine la réputation du censeur. « P.R.O.F.S. » se veut une satire de l'enseignement comme « M.A.S.H. » s'en prenait à la guerre et ses débordements. Message : sus aux ringards, aux toquards, aux connards. Y'ena-mar-re. Les (mauvaises) critiques giclent, les plus amènes exhalant des « Bof, mmouais ». Augusta, la mère de Patrick, goûte. Elle, est de la partie. Elle, sait. Quant au public, il assure, ravi — en la matière — d'échapper à un pensum usé. Le film sort le même jour que « Trois hommes et un couffin » de Coline Serreau. Trois millions et demi de spectateurs le verront. Bruel soupire : « Ils ont vraiment du nez. »

Cette charge, il l'a d'abord reniée. Certes, on s'y amusait, mais pas toujours dans la plus grande légèreté. Ce qui sauve les comédiens, c'est qu'ils ne se prennent pas au sérieux. Qu'ils débitent leur texte avec âme, mais au vingt-huitième degré. En potaches, en bambochards qui ne font que passer. « J'ai revu " P.R.O.F.S. " à Brest avant d'entrer en scène, reconnaît Bruel. Et je pensais : " Bon, tu vas te miner le moral mais tant pis. Allons-y. " » Alors ? « Alors, confie-t-il repentant, y'a trois scènes médiocres mais le reste est plutôt réussi. » Pourquoi s'immoler ? Avec « P.R.O.F.S. », Patrick Bruel va gagner l'amitié des lycées. Et la considération des pontes en « eur » : décideurs, promoteurs, producteurs, distributeurs. « D'un coup, je devenais crédible. J'étais catapulté au rang de ceux qui poussent les spectateurs à entrer dans les salles. » Les nymphettes succombent. Les mecs se gondolent. Les parents s'étonnent. « P.R.O.F.S. » symbolise l'affaire qui fait avancer celles de Bruel. Les âneries de ces quatre mousquetaires de l'EN (Education nationale) continuent de faire de l'audience. « Quand le film est repassé cette année sur FR3, il est monté à 30 % d'indice d'écoute », remarque simplement l'actuel agent de Bruel, Bertrand de Labbey.

Avec « P.R.O.F.S. », Patrick continue de recevoir du courrier. Oh, un petit peu de courrier. Mettons trois cents lettres par jour. Juste de quoi s'esquinter le poignet en libellant quelques réponses enlevées. Dans la foulée, il emménage définitivement dans son duplex ensoleillé. Et un soir, vient chercher sa mère à la sortie du lycée où elle enseigne. Ce qui se révèle une idée moyenne. Son arrivée provoque un début d'enthousiasme lolitesque. Lui, sourit, bise, se replie. Discrète arabesque. Il sait qu'il ne doit pas mollir, il sait qu'il doit enchaîner. Ça tombe bien. Olga Horstig vient de négocier pour lui un film du metteur en scène tunisien Ridha Behi (« Soleil de hyènes ») : « La Mémoire tatouée ». Le casting ne manque pas de chic qui mêle Julie Christie, Ben Gazzara et, *last but not least*, Jean Carmet. Olga tient beaucoup à ce projet. « La Mémoire tatouée » va se tourner en anglais. Et Bruel, par conséquent, gravir un nouveau degré : « Comme quoi, soupire-t-il, les langues, ça sert quelquefois. » Comme quoi... Le sujet puise dans ses racines. S'y glisse. S'y visse. Patrick se coule dans l'adolescence de Wanis. Un bâtard. Un gamin. Maghrébin. Wanis vit seul avec sa mère (Ida di Bendetto), paysanne dure et fière. A côté, dérivent les Rivière, couple de colons prospères. Paul (Ben Gazzara) et Betty (Julie Christie) habitent une belle propriété, ils roulent en Chevrolet décapotable, et semblent parés de toutes les qualités. Surtout elle, Betty, que Wanis va aimer. L'Histoire — bien sûr — se charge de les rattraper. Nous sommes en 1955, l'indépendance se lève et les Français n'ont plus qu'à s'en aller. Avec leur secret. Secret de paternité. Les Rivière partent donc. Mais ne « flottent pas tranquilles sur l'eau ». Quand Wanis les retrouve, Betty chante dans un bouge, somptueuse. Paul sombre dans l'alcool à en périr. Wanis les regarde, le cœur gros. On appelle ça grandir.

Face à des comédiens poids lourds, Bruel joue sa peau. Et avoue, faraud : « Au début, j'étais assez impressionné de donner la réplique à une star comme Julie Christie. Après ? Oh, après, je m'y suis fait. » Entre la France et la Tunisie, il va et vient six fois. Son rôle s'étoffe. Il croît. « Je n'avais qu'une scène avec Ben Gazzara. C'est lui qui a tenu à ce qu'on en ait une autre. Appellons cela de la générosité. En tout cas, les comédiens de cette trempe vous mettent tout de suite à l'aise. Un seul regard de Gazzara pendant un plan suffit à me maintenir dans la bonne voie. » De Julie Christie, il lancera : « Elle est plus tendue, plus réservée. Son exigence constitue une leçon. Julie veut donner ce qu'elle a. » Le film s'annonce bien. Bruel, cette fois, a emprunté le bon chemin. Quand, patatras... « La Mémoire tatouée » ne sort pas. Explications obscures. Problèmes d'argent. On l'oublie. On l'enterre. Amnésie passagère. La Mémoire fout le camp. « Elle devait être sélectionnée au festival de Cannes, ils lui ont préféré " La Dernière image " de Lakhdar Hamina. Un jour, on éclaircira », prévient Bruel, le cabochard. Il a vu le film avec ses copains et quelques journalistes. Anouk Aimée, aussi, qui en parle à Arlette Gordon, la complice de Claude Lelouch : « Il y a dans cette " Mémoire tatouée ", un jeune Américain. On dirait le fils de Dustin Hoffman. » Bruel boit du petit-lait. Il lève le nez, très crâne. Aujourd'hui, la « Mémoire » est retrouvée. Les problèmes réglés.

Toutes les médailles ont leur revers. Tous les succès sont retardataires. Le ciné « contre-ordre » ? Il multiplie les contre-temps ? Bruel le range. Et se détend. A-t-il l'embarras du choix ? Non, mais il a le choix de ses embarras. Ce sera la chanson. Attention. Avec Presgurvic, avec Auberger, Patrick écrit un album : « De face ». Et le loupe. En plein. « Je l'ai enregistré à contrecœur. En laissant trop de gens s'immiscer dans mes failles », reconnaît-il volontiers. Extraits : « Tout l'monde peut s'tromper / Tout l'monde se trompera / Comme dit la souris dans la gueule du chat / Même Napoléon qu'était loin d'être con / Même le grand César qu'était pas un ringard... » Lelouch reprendra la chanson pour « Attention bandits » mais, en attendant, la critique dégaine. Non, sans haine. « On nous a vraiment traînés dans la boue, se souvient Gérard Presgurvic. Le côté frais est passé pour niais. Et le côté sérieux pour trop ambitieux. » « On m'a beaucoup tapé sur la tronche, renchérit Bruel. Mais il y avait peut-être des raisons. En 1986, j' parlais de moi dans des chansons que je n'ai pas sorties. Et j'ai sorti des chansons où je me mettais à l'abri. Les gens, tu ne les intéresses que si tu leur parles d'eux à travers toi. » Bruel apprend en se ramassant.

A l'époque, c'est vrai, il se planque. Un thème terriblement original traverse tout de même « De face ». On le résumera par « de la difficulté d'aimer ». Il hante « J'roule vers toi » : « Maintenant je suis là / Sur le pas de ta porte / Mes doutes et mes angoisses / Que le diable les emporte / J'voudrais tellement t'donner / C'que tu sais pas garder /

J'voudrais tellement qu'on essaye d'essayer. » Rebondit dans « L'appart » : « C'est l'amour qui vivait au 33 / Vue sur cour et 200 sacs / Par mois / C'est l'amour qui vivait au 33 / C'est l'amour mais nous / On l'savait pas. » Teinte « Rêve à part » : « Où qu'on aille, quoiqu'on fasse / Faut toujours toujours que tout casse. » Pourtant, quelques signes avant-coureurs annoncent le Bruel actuel. Bon cœur, grande gueule et j' me révèle. Dans « De face », il évoque son père : « Courir dans tous les sens / Pour guérir une absence / Tourner sur des roulettes / Ou y'a que des peut-être / Des casinos bidons où faut / Jouer pour de bon / Un père qui passe / Qui manque mais j'ferai / Sauter la banque. » Dans « Ça fait des ordres », il grogne : « A force d'ouvrir l'journal / Et d'voir que tout va mal / On finira un jour par trouver ça normal. » Déjà, Bruel réfléchit. Ben oui. Deux curiosités teintent aussi l'album. Son duo avec Miou-Miou qui sonne comme une rengaine des années vingt, refrain de l'ouvrier après l'turbin : « J'ai l'béguin pour elle / J'ai l'béguin pour lui / Mon Dieu c'qu'elle est belle / Ah c'qu'il est mimi. » Rimbaud peut encore dormir tranquille. Et la musique écrite par son petit frère David pour « Ça fait des ordres ». Eh bien non, il n'y a pas de quoi se tordre.

A l'époque, Patrick Bruel se défend. L'interview est déjà une joute. « Gentillet, s'étrangle-t-il, non, mon disque n'a rien de gentillet. C'est du rock. » Il cogne, il toque et fait aimablement remarquer que si — comme d'habitude — la presse lui bat froid, le public, lui, ne le lâche pas. « Deux cents minettes qui attendent un autographe, c'est quand même rassurant... Non ? » Si. Bruel se raconte. Il précise les conditions dans lesquelles il a pensé « Non j'veux pas » (un clip sponsorisé par Fuji sera tourné avec Philippine Leroy-Beaulieu) : « Non, non j'veux pas / Non, non j'peux pas / Il faut pas m'en vouloir / Mais depuis qu'j'suis tout petit / J'ai la sale manie de dire non / quand faudrait dire oui. » « Partout, à Rome, à Zurich, les attentats se multipliaient. J'ai eu envie d'en parler. » Il jette aussi les bases de ce qui, aujourd'hui, fait sa vérité : « L'intolérance, c'est facile de la prôner. C'est beaucoup plus difficile de regarder en bas. En soi. »

Il évoque l'Olympia qui mange de la vedette depuis cent ans. L'Olympia qui vit défiler les Beatles et Gilbert Bécaud, Yves Montand et Damia. L'Olympia où Michel Sardou décida, un soir, de sa voie. L'Olympia, où, du 16 au 18 janvier, c'est prévu, c'est écrit, il passera. « J'y chanterai quinze à dix-sept chansons avec les musiciens de Souchon, ceux de Sanson. C'est mon public qui animera le show. » Il a peur, Bruel. Il traque et soutient : « S'il le faut, j'irai vendre des places sur le boulevard des

Italiens. » Une tournée suit. Au programme : « Toutes les villes qui nous aiment et qu'on aime. » C'est compter sans le destin qui, de temps à autre, fait son malin.

« Ce jour-là, je devais déjeuner avec Jean-Marc* au Fouquet's. Il me dit : “ J'ai eu Patrick Bruel au téléphone. Il vient. ” “ Est-ce qu'il sait ce qui l'attend ? On va faire une ode au hachis parmentier, parler de l'avenir du Red Star, du recrutement de l'A.S. Cannes-La Bocca, et du caramel de Jean-Pierre Papin. ” On s'est retrouvé tous les trois, et comme prévu, on a bouffé du foot. Poliment, Patrick ne disait mot. Il était préoccupé parce qu'il s'apprêtait à refuser “ Pour Sacha ”, et il n'avait pas envie de blesser Arcady qui réalisait le film. “ Peut-être que ce sera un désastre, mais j'ai vraiment envie d'aller sur scène. ” Alors, Roberts et moi, on a pris le menu, et avec un gros feutre, on a écrit dessus : “ T'as bien raison. ” Il a réglé l'addition, et embarqué le menu, comme un encouragement à une décision qu'il avait déjà prise. »

YVES STAVRIDÈS, grand reporter à *L'Express*.

* Jean-Marc Roberts, romancier.

[illegible] monde, je devais [illegible] que [illegible] [illegible], [illegible] un [illegible] sur [illegible] [illegible] [illegible] [illegible]. On [illegible] out [illegible] [illegible] du Red Star, du [illegible] [illegible] Bossa [illegible] [illegible] [illegible] [illegible] [illegible] [illegible] [illegible] [illegible] [illegible] [illegible] [illegible]. Alors, Roberto [illegible] [illegible] [illegible] [illegible] [illegible] [illegible] [illegible].

[illegible] grand [illegible]

[illegible]

6

Mozart à l'Olympia

Le destin, donc, fait des siennes. Mais les projets — même s'ils trébuchent — s'enchaînent. L'agenda de Bruel affiche complet. Il doit tourner avec Yves Boisset (« R.A.S. », « Radio-Corbeau », « Le prix du danger »). Un polar qui se déroule dans le milieu des courses. Et où, *of course*, on croisera une fille en danger. Le film ne se fera jamais. A la presse plutôt popu, Patrick Bruel ne cache rien. Oui, il est du signe du taureau. Oui, il pèse 72 kilos pour 1,81 m. Naturellement, il a mûri. Bien sûr, il a changé. Claude Lelouch arrive juste à temps pour le prouver. Les deux hommes se connaissent depuis les journées Georges Brassens de Sète (juin 1986). Ce n'est pas grâce à Bruel. Il ne voulait pas y aller. « Mon album tardait à sortir. Je n'avais envie de rien. » Olga Horstig, « maman Olga » va l'y forcer. Le sortir de son train-train. Patrick, grincheux : « Qu'est-ce que j'irai y faire ? Je n'ai même pas de film à défendre. » Olga, visionnaire : « Claude est président. Je sais que vous allez vous plaire. » Et ils se plaisent. Arrêt sur genèse. « On traînait avec Richard (Berry) quand on est tombés sur Lelouch. Je lance une fausse rumeur sur Berry et Claude enquille. Direct. Richard était miné. On l'a mis minable, mais minable. » Un set ou deux rendent ces liens un peu plus durables. Ainsi naissent les amitiés.

Marie-Sophie Lelouch, qui adore Patrick, se lance alors dans le marketing pro-Bruel. A l'intensif. A l'obstiné. Elle emmène son époux voir « P.R.O.F.S. » : « Mais si, viens, je te jure qu'il est bien. » Lelouch y discernera : « Un rouleur complet. » Et l'accompagne visionner « La Mémoire tatouée ». Bruel, lui, commence à fréquenter les fauteuils du Club 13, rendez-vous de ses copains. Il y passe avec Charlélie Couture voir un clip quand Lelouch déboule, s'en va, revient : « Je peux vous rencontrer un jour calmement ? J'ai peut-être un rôle à vous proposer. Celui d'un jeune truand, génie du hold-up. Il a commis le premier à l'âge de cinq ans. » Patrick, aux anges, imagine déjà « Le Voyou » ou « La Bonne année ». « Claude m'a raconté après qu'il avait décidé de me donner Mozart dans les dix secondes où il s'est éloigné. » Pour « Attention bandits ! », Bruel va décaler l'Olympia de cinq mois. Et récupérer un peu de confiance en soi : « J'ai d'abord dit : " Ce mec si bien n'a rien à voir avec moi. " Lelouch m'a répondu : " Aujourd'hui, tu es Mozart à 50 %. Au début du tournage, tu le seras à 80 %. " J'ai pensé : " Si Claude voit ces qualités-là en moi, c'est peut-être qu'elles y sont. " On m'avait tellement abîmé que j'avais besoin de ça. »

Deux mots du synopsis ? OK. Mozart, le monte-en-l'air, monte aussi au hit-parade des gangsters. Il propose un coup à l'Expert (l'impeccable Jean Yanne). L'affaire tourne mal. L'Expert y perd sa femme. Et y gagne des années et des années de cabane. Sa fille (Marie-Sophie L.) est exilée dans une pension suisse, au bord du grand lac triste. Ils sortent le même jour. Mozart lui voue un subit amour. Pour tout ce temps volé, l'Expert se venge, tue et replonge. « Si j' fais évader votre papa, Marie-Sophie, vous m'épousez ? — Bien sûr. » « Attention bandits ! » est un conte de fées. Un policier aux accents de vérité. Une épure. Bruel s'y révèle en virtuose du casse : « Mozart est le seul personnage auquel j'ai eu envie de ressembler dans la vie à cause de sa générosité et de son énergie. » Lelouch reconnaît : « Il m'a rappelé Brel dans " L'Aventure, c'est l'aventure. " Patrick et

Mozart vont très bien ensemble. Il a la tête de quelqu'un qui pourrait prendre du plaisir à écouter " La Petite musique de nuit ". » Le tournage cavale. Andante. « Je ne vais pas vous révéler l'histoire, je ne le fais jamais », annonce Lelouch. « Tant mieux, j'ai envie de vous espionner », réplique Patrick. « Il est tellement enthousiaste, confirme Marie-Sophie. Tellement généreux. Sa devise, s'il en a une, se résume à : " J' t'en donne 1 000, j' t'en donne un milliard ". Un milliard de quoi, on ne sait pas. Sur " Attention bandits " me revient une engueulade monstrueuse dans une station-service. Ne me demandez pas pourquoi, vraiment, je ne m'en souviens pas. Ce que je me rappelle, en revanche, c'est, qu'après, nous sommes tombés dans les bras l'un de l'autre. Qu'est-ce qu'on était malheureux ! »

« Attention bandits ! » ravit la critique. Et galvanise Patrick : « J'aurais pas fait l'Olympia comme je l'ai fait si je n'avais pas joué Mozart. J'aurais été plein de pudeur. Lelouch a aussi servi de déclencheur. » A l'Olympia, Bruel s'en fout, Bruel fonce. Il y va : « Ce sera très simple : des instruments, des caisses claires, des filles blondes. » On a rajouté une date à cause du monde. Dans le bureau rouge de Bruno, Paulette Coquatrix commente : « Il se retrouvait chez lui.

Pensez, il était venu en spectateur tellement de fois. » Le positionnement, toutefois, laisse à désirer, si vous le permettez. Sur les colonnes Morris, Patrick Bruel se cherche, c'est manifeste. Il paraît en rocker. Puis, en Bruel encaleçonné, Bruel d'intérieur. Il se dilapide en hippie, se harnache en Blues Brother. Le jour du lancement de la campagne, Bruel doute. Il y a de quoi. Au petit matin, le chanteur roule en voiture dans Paris pour juger de l'effet. Et retourne sous sa couette, mortifié. « Une demi-heure après, je recevais les premières réactions sur mon répondeur : tout le monde se marrait. » Olga Horstig, qui était 28, boulevard des Capucines, confirme : « A l'Olympia, il tâtonnait. Il se cherchait. » Devant le public, des filles survoltées, il va finir par se trouver. « Certains comédiens sont meilleurs aux répétitions, conclut Olga. Patrick, c'est presque une éthique, a besoin du troisième œil. Celui du public. »

« Alors, vous êtes venues ? » interroge Patrick. « Oui », lui renvoient les petites. « J'étais pas sûr, hein... » « Si — Non — Si — non. » Il s'aventure à dialoguer. Occupe à la façon d'un métronome bien réglé d'abord le devant de la scène, puis les côtés. Sur la glace de sa loge, une main a inscrit : « Tu es un champion. » Bon. Bien sûr, les potes sont là. Ils ne lui manqueraient pas. Gérard Presgurvic se met au piano. Bruel se tourne vers Pascale Hania. Il porte un jean large et un blouson à capuchon avec des points d'interrogations jaunes dans le dos. Qui suis-je ? Où vais-je ? Et dans quoi me suis-je fourré ?

Il a l'air heureux, mais un peu coincé. Ce moment, Bruel y pense depuis vingt-sept ans. Il l'a attendu longtemps. Il ne veut pas se planter. Les enchaînements ont visiblement été cent fois répétés. Couplet réaliste, couplet concerné : « Moi, ça m'arrive de dire non quand je vois des choses pas bien qui se passent dans le monde. Y'a des choses qui nous empêchent pas de dormir mais qui nous font coucher tard... » Fraîcheur ou naïveté ? D'autres réflexions servent encore aujourd'hui : « Quand on est amoureux, on est con mais on est deux. » Il entame « De face », de dos. Ce qui est toujours rigolo. Et, à l'occasion, se livre à quelques imitations qui rendent son public heureux. Renaud : « Les cigares du pharaon / Traînent par terre dans le salon / Ta ta ton... » Julien (Clerc) : « Les cigââââââres du pharaon / Traînent par teeeeeeerre dans le salon. » Frédéric (Mitterrand) : « Les cigares du pharaon / Traînent dans l'histoire du cinéma / Comme Diane Kurys qui montent les marches à Cannes / Bonsoir ». Boujenah (Michel) : « Arrête, arrête, arrête... Ton spectacle, il est sympathique mais toi t'y es lourd. J'ai vu ton nom dehors. Il est très gros. Mais c'est parce que t'y as que cinq lettres, bourricot. »

« Vous êtes bien, en haut ? Ça va ? » Le public se lève par grappe ici et là. Les briquets vaporisent leurs petites flammes. Bruel et ses trois danseuses — Georgette, Bambi et Clarisse (Weber, la sœur de Dominique Webb) — attaquent « Marre de cette nana-là » avec âme. « Le disque marchait moyennement, rapporte Denis Boyer, aujourd'hui P-DG de Dial, mais à l'époque chez Phonogram. On a quand même aidé Bruel à faire l'Olympia. Et, là, on a assisté à la concrétisation du phénomène. La première fois que je l'ai vu sur scène, j'en ai eu le souffle coupé. Si vous me pardonnez ce cliché. Je ne m'attendais ni à cette aisance, ni à cette spontanéité. Déjà ses fans connaissaient les titres par cœur. Il y avait un décalage entre son potentiel et son chiffre de ventes. C'est un cas très rare, un artiste populaire qui a le sens du public et un public qui ne suit pas. » Les 5, 6, 7 et 8 mai 1987, à 21 heures, il a tout de même suivi et Bruel a gagné ses galons de chanteur. Il a souffert le trac qui tord et qui vrombit : « Je ne savais pas qu'on pouvait l'avoir à ce point-là. » Entendu l'impatience, violente comme un orage, d'un public déjà acquis. Après l'Olympia, toutes les maisons de disques veulent signer avec lui. Il va toutes les rencontrer. Bruel se couche avec lui-même. Il se réveille avec un autre.

Le cinéma va le re-cueillir d'un bloc. Sur les

conseils de sa maman, Renée Saint-Cyr, Georges Lautner, le papy-frondeur des « Barbouzes » et des « Tontons flingueurs », voit « Attention bandits ! ». Georges prépare un film tiré d'un roman de Pierre Magnan : « La Maison assassinée. » Il cherche son héros, « un grand blond aux yeux bleus ». Le Grand Meaulnes, en mieux. Malgré son absence de mèches cendrées, Bruel séduit Lautner : « Dans " Attention bandits ! ", il avait des silences formidables. Or mon personnage devait bouillir intérieurement. Tout passait par son regard. Et Patrick avait ce regard. J'ai pensé " La Maison assassinée " à travers lui. » « La Maison assassinée » pourrait se résumer à l'obsession d'un gamin rescapé — par quel miracle ? — de Verdun, en 1920. Il revient dans son village natal où, naguère, trois hommes masqués ont massacré sa famille à la poste-auberge de la Burlière. Le film saisit avec acidité les petit-bourgeois enrichis, les provinciaux mesquins, la peur qui entoure un meurtre déjà ancien. Les jeunes filles du village (Agnès Blanchot qui roule à vélo, Anne Brochet l'aînée du boulanger, Ingrid Held la châtelaine hautaine) font du gringue à Séraphin. Leurs parents voient sur lui le signe de la mort. Ils n'ont pas tort. Le jeune homme s'échine à démolir, pierre par pierre, une maison où repose encore l'empreinte ensanglantée de son père. « Dans ce rôle, je me suis vraiment mis à nu, confie Bruel.

Séraphin était trop passif. Il fallait qu'il réagisse. Avec Lautner, on a réécrit une scène, à trois heures du mat'. Je voulais que le héros hurle devant tout le village rassemblé. On en a beaucoup parlé. Et il a fini par hurler. » Georges, de son côté, décerne un satisfecit : « En piou-piou, avec des godillots aux pieds, il avait l'air un peu perdu. C'était ce qu'il fallait. »

Du tournage, sis à Forcalquier (Lubéron), Lautner garde quelques souvenirs mélodiques. « On résidait à l'hôtel, comment s'appelle-t-il mon Dieu ? en tout cas, celui où l'on bouffe le mieux. Toutes les nuits, Bruel donnait l'aubade. Et, toutes les nuits, je me levais en pyjama pour aller l'écouter dans la chambre d'à côté. » Le manque de sommeil n'a apparemment pas gêné Patrick. Même si, dans *Télérama*, Jacques Siclier décrétait lors du dernier passage télé « qu'on n'y croit pas », il reconnaît la performance d'acteur : « Bruel attire la sympathie. » Il attire aussi les metteurs en scène. Et se forge des exigences à tenir coûte que coûte. Blême que blême. « Plus tard, témoigne Georges Lautner, je lui ai proposé un autre projet (" L'invité-surprise " qu'il confiera à Eric Blanc). Il ne l'a pas aimé... Il avait raison. » Le métier le pousse ailleurs. Il le pousse plus loin. Vers la rue des Rosiers. Pour une union déjà sacrée.

« Patrick Bruel a un vrai charisme de star. C'est animal, ça ne s'explique pas. Il veut tellement plaire que ça impressionne la pellicule. J'ai connu Daniel Balavoine, et ils ont, en fait, plein de points communs. Oser dire ce que l'on pense, c'est rare. Patrick a aussi ce côté iconoclaste. Balavoine n'était pas récupéré. Bruel s'auto-récupère. Il a une passion pour tout. Surtout pour les filles à la vanille.

PIERRE JOLIVET, réalisateur.

7

Cas de conscience

> Ce qu'il y a de terrible sur cette terre, c'est que tout le monde a ses raisons.
>
> Jean Renoir

Des bombes explosent, tuent à l'aveuglette des passants. Sur les trottoirs des capitales, des traces à la craie, des corps déchiquetés. Le monde est fou, le monde a peur disent les présentateurs à la télé. Le monde ne tourne pas rond. La Bande à Baader en Allemagne, les Brigades rouges en Italie ont déposé les armes. Ailleurs, non. A Belfast, catholiques et protestants s'entre-déchirent. En Espagne, l'E.T.A. militar est sur tous les fronts. Et la France tremble. Rue des Rosiers, les mitraillettes crépitent devant le restaurant Goldenberg. A Montparnasse, rue de Rennes, entre Tati et la FNAC, tombent des femmes, des hommes, des enfants. De toutes les races, de toutes les couleurs, de toutes les religions. La décennie se drape dans le sang des innocents, des sacrifiés. Ils sont des milliers. Alexandre Arcady ne peut pas fermer les yeux. Il connaît le poids des mots : intégrisme, fanatisme, terrorisme. Il hait l'intolérance. Il en est obsédé. Une plume, du papier, en toile de fond, l'actualité : des réseaux d'intégristes, des fous d'Allah, une ambassade assiégée, des trafics d'héroïnes... En gros plan, deux flics face à face. Deux hommes qui ne peuvent pas se regarder en face. L'un est juif, l'autre arabe. Le rôle du flic juif, Arcady l'a écrit spécialement pour Patrick. Son premier rôle de flic, un tournant. Bruel va avoir trente ans. Il piaffe d'impatience. Dans sa vie, dans sa carrière, il attend le changement. Le voilà. Dix ans pile après « Le Coup de Sirocco », un film politique, engagé, le chope, lui, l'un des apôtres de la Génération morale, le pote d'une génération qui lance des S.O.S. contre tous les racismes. D'une jeunesse qui essaie de conclure une « Union sacrée ».

« L'Union sacrée », c'est l'histoire de Simon Atlan, vingt-sept ans, chien fou, brillant, le p'tit jeune de la Brigade des Stupéfiants. Il a une grande gueule, un grand cuir, un grand cœur. Il sort tout juste de l'école de commando de la police. Il a les cheveux longs et la peau lisse. Un gamin, qui abat ses cartes, comme à la bataille, joue sa vie comme au poker. Sa mère s'arrache les cheveux d'angoisse. Elle n'en peut plus. Marthe Villalonga l'interprète, décidément sa maman de cinéma. « C'est mon premier film d'action », commente Patrick. Et qui dit mouvement, dit entraînement. Un super-entraînement. Patrick veut faire les cascades lui-même. Il s'y prépare. Jogging tous les matins au bois de Boulogne : douze kilomètres par jour pendant trois mois. Régime diététique. Sports de combat avec Daniel Vérité, un pro. Un stage de trois semaines à la Brigade des Stupéfiants. « J'ai essayé de tout capter. Le vocabulaire. La façon de sortir son flingue. Les policiers appellent ça « faire la prière ». Patrick a l'art de plaire. Il est adopté par la Brigade. Et assiste même à une prise de drogue record à Roissy. Il est prêt. « L'Union sacrée » peut commencer.

Milieu d'été, début de tournage. Un tournage qui pose ses marques de Belleville à la Goutte d'Or, de Barbès au Marais. Entre Karim Hamida (Richard Berry) et Simon Atlan, ça va mal tout de suite. Karim s'est infiltré dans un réseau d'armes et de drogue, Simon l'arrête, sans savoir qu'il est flic, et sans délicatesse. Ils vont être contraints de partager leur bureau, leur vie, et leur mission : neutraliser un réseau de terroristes dirigés par un pays du Moyen-Orient. Karim est un sage, un homme énigmatique, discret, intrépide. Simon est odieux, raciste. « C'est un nouveau Bruel, commente Patrick. Je l'ai voulu antipathique pour montrer que si deux mecs antagonistes arrivent à se respecter, au niveau international, les peuples devraient y arriver. C'est peut-être schématique, mais j'y crois. Les différences sont si belles, ce sont elles qui font respirer le monde. »

Karim et Simon vont finalement se tomber dans les bras et avancer au coude-à-coude dans les rues, dans les planques, dans les descentes, notamment celle trépidante de « la prière arabe » — « tournée le jour de Yom Kippour, un comble ! » remarque Patrick, qui respecte les grandes fêtes religieuses juives. Mais une femme remet tout en cause. Lisa, l'ex-épouse de Simon (Corinne Dacla) dont Karim tombe amoureux. Lors de l'attentat devant le restaurant Goldenberg (tenu par la mère de Simon), Lisa est abattue. Transportée à l'hôpital dans le coma, elle mourra. Simon, ivre de rage et de vengeance, s'introduit à l'aide d'une grue, dans l'ambassade où s'est réfugié le chef des terroristes... « Je suis resté trois heures dans le vide, accroché à une grue, à soixante-cinq mètres de hauteur, se souvient Patrick. Je n'ai jamais eu aussi peur de ma vie. »

« L'Union sacrée » est une étape pour Patrick. Un premier rôle, un premier flic, un premier personnage de papa, celui de Tom (neveu d'Arcady dans la vie). « Alexandre m'avait dit, je t'écris un rôle sur mesure. Quelque part, Simon me ressemble. De toute façon, on ramène toujours tout à soi. Et puis, c'est un film qui défend une cause dont je me sens proche, même si le racisme dont j'ai souffert, c'est celui que je constatais autour de moi. » C'est dans ce film aussi, qu'il joue une des plus belles scènes de sa carrière. A l'hôpital, Lisa se meurt. Simon lui tient la main et pleure. « Je n'ai pas pris de cours de comédie, alors j'ai dû aller chercher en moi des choses atroces, que je n'ai parfois jamais vécues. Je n'en suis pas sorti indemne. » Arcady a joué avec lui cette scène, un masque de chirurgien sur le visage. « Il m'a bouleversé, raconte Alexandre. J'avais mes yeux dans les siens, mes mots dans les siens. Je n'ai jamais dirigé un acteur en étant autant en osmose avec lui. Patrick a définitivement trouvé son énergie. A mon avis, il a toujours été un bon comédien, mais là, il avait encore davantage de maturité et d'assurance. »

Jean-Jacques Goldman signe une partie de la bande originale du film, et interprète la chansongénérique avec Carole Frederiks. Pour Patrick, on connaît l'importance de la musique. Il associe d'ailleurs chaque film à un morceau différent : le Requiem de Mozart pendant « La Maison assassinée », Dire Straits et Rod Stewart sur « L'Union sacrée ».

Le dernier jour du tournage a lieu le vendredi 14 octobre. Le lundi 17 au matin, Patrick est sur le plateau de « Force Majeure ». Dans son walkman, « Mistral Gagnant », l'album de Renaud.

« Je n'ai pas envie de vous écouter », assène Patrick à Katia (Kristin Scott-Thomas). Lundi 17 octobre. Première scène, première réplique. En deux jours, Patrick a changé de nom, de peau, de passé. Il s'appelle Philippe, porte un manteau gris, de petites lunettes. Il est plongé dans un cas de « Force Majeure », le troisième film de Pierre Jolivet, le coauteur du premier long-métrage de Luc Besson (« Le Dernier Combat »), le réalisateur de « Strictement personnel ». « Jusqu'à un mois du tournage, le producteur voulait que j'inverse les rôles, que le petit loubard, ce soit Patrick. » Pierre Jolivet tient bon : « Patrick a quelque chose de fragile et de très introverti. Le travail, c'est d'aller débusquer ça. » Et Patrick en a assez des rôles extravertis. « C'est d'ailleurs pour ça que j'ai refusé " L'Invité surprise " de Lautner. " Force Majeure " est un film que je serais allé voir, alors tant qu'à faire, autant être dedans. »

Philippe est sur le point d'entrer à Normale Sup. Il a réussi l'écrit. L'oral est dans cinq jours. Derniers pas avant l'agrég' de maths. Et puis débarque un homme, Malcom Forrest (Alan Bates), avocat d'Amnesty International. Dix-huit mois plus tôt, Philippe, cheveux longs, sac à dos, a traversé la Malaisie avec un pote, Daniel (François Cluzet). Ils ont rencontré un Hollandais, Hans, (Thom Hoffman) avec qui ils ont fait la route. Le jour de leur départ, Philippe et Daniel lui laissent le haschisch qui leur reste. Ciao, salut. L'avion, la France, la grisaille de Paris, les études de maths. « Hans a été arrêté leur apprend Malcom, porteur de 300 grammes d'haschisch, sa part et la vôtre. Au-dessus de 250 grammes, on est considéré comme trafiquant, et passible de la peine capitale. Hans est condamné à mort. A moins que... » A moins que Philippe et Daniel abandonnent sur-le-champ la France, leur présent, leur futur, retournent en Malaisie reconnaître leur complicité, et sauver la vie de leur ami de passage, et du passé. La peine sera ainsi divisée en trois, ça fera deux, trois ans de prison ? On entre ici dans le véritable cas de conscience, le cas de force majeure à travers une réflexion sans concession sur la culpabilité, le sacrifice et l'héroïsme. Daniel vit dans le nord, il a une femme, un enfant, une carte de chômeur. Il a dit oui illico. Philippe est en plein exam', il refuse, puis revient sur sa décision, convaincu par Katia, l'ex-fiancée de Hans.

« Durant le tournage, je me demandais sans arrêt ce que je ferais à la place des personnages. Je n'ai pas pu répondre. Je ne sais franchement pas si je serais allé en Malaisie. Je suis les deux héros à la fois », confie Patrick. « Force Majeure » est un film perturbant, entêtant. « C'est un film incroyable, ajoute-t-il. Là encore, j'ai dû aller chercher des sentiments très personnels enfouis en moi. C'était à la fois épuisant, très perturbant et très enrichissant. »

Au début du tournage, Patrick s'observe dans l'objectif de la caméra. « Les cheveux, là, ça va pas. » Jolivet le renvoie chez le coiffeur. « Ça va toujours pas. » « OK, si tu veux, je ne filme que ta coiffure. — T'as raison, je suis un con. » « Non, répond Jolivet. Chez ce mec, y a surtout quelque chose de délicieux. C'est quelqu'un que j'aime beaucoup, quelqu'un de parole. Il a de l'humour. Il est malin comme un singe. Sur le plateau, François bouffait à peine, il était le personnage. Bruel se demandait, lui, comment faire. Il a piqué le pardessus du troisième assistant. Ceci dit, Patrick n'a aucune discipline. J'avais des raisons de lui casser la gueule une fois par jour (rires). Il a souffert, et il m'a remercié. Je l'ai engueulé comme un môme. C'est un môme qui a de la chance depuis ses dix-huit ans. Comment il compense ses mauvais côtés ? Il est doué. J'ai rarement vu un acteur qui a autant le sens de la séquence, qui sait à ce point débusquer les petites erreurs de dialogues. » Patrick a donné, Patrick a appris. « J'ai appris qu'avec une véritable concentration, on peut donner le meilleur de soi. Et que je pouvais dépasser les limites que je m'imposais. »

Deux scènes le marquent spécifiquement. Celle du miroir brisé avec Alan Bates et l'affrontement avec sa mère. Des scènes clés sur l'engagement, le problème moral, la responsabilité individuelle envers autrui.

« " L'Union sacrée " et " Force Majeure " vont dans le même sens : le respect. Pas seulement des mots, mais aussi des regards, des actes. " Si je n'avais pas joué Simon, jamais je n'aurais pu interpréter Philippe. Ces personnages m'ont permis d'aller chercher des choses loin en moi. " » Ces deux films marquent un tournant étonnant dans la carrière de Patrick. « Je les ai tellement attendus. Après " P.R.O.F.S. ", j'ai eu une rupture, j'ai attendu, attendu. Y a eu " La mémoire tatouée ". Lelouch et Lautner qui ont consolidé l'entreprise avec " Attention bandits " et " La Maison assassinée ". Ensuite, j'ai de nouveau rongé mon frein. Au bout du compte, l'essentiel est de se retourner sur ce que l'on a fait, et de ne pas avoir de regret. Moi, je considère que j'ai fait du bon boulot, je suis content. »

« L'Union sacrée » sort en salle le 15 mars 89. « Force Majeure », le 5 avril. En trois semaines, Patrick est devenu Bruel. Il a raflé à la fois la considération du public, et de la critique. Bruel, l'acteur va laisser la place au chanteur. « Il parlait beaucoup de son second album, se souvient Jolivet. Je lui ai simplement conseillé de faire ce qu'il aimait. » Il l'a fait.

« Malraux avait dit que le XXe siècle serait religieux ou ne serait pas. Le monde l'est devenu beaucoup trop. La violence au nom de la foi est inacceptable. »

PATRICK BRUEL.

8

La Voix Sacrée

> Les mots sont comme des allumettes : il y en a qui prennent d'autres pas.
>
> Pierre DANINOS

Un soir de juillet 87, après un concert d'Higelin, aux Francofolies, Patrick a le blues. Il marche toute la nuit dans les rues de La Rochelle, le cœur à marée basse. Au petit matin, il prend sa guitare, et écrit « Casser la voix » d'une traite. « Casser la voix », c'est l'histoire d'une nuit, l'histoire d'une vie. Un ras le bol qui s'amplifie, une façon d'expulser tous les haut-le-cœur. Bruel garde le texte en lui, comme la page d'un journal secret. C'est celui qu'il livrera en dernier. Signe d'un destin en route. Regard d'un mec pudique, d'un type sentimentique et romantal. « Jamais sans " L'Union sacrée " et " Force Majeure ", je n'aurais pu faire cet album » confie-t-il. Chaque scène de sa vie le marque, l'obsède et l'inspire. « Alors regarde », l'album est dédié à sa maman, mais écrit pour un amour évanoui. Un amour de cinq années vécu avec Patricia, la jeune Brésilienne qui lui a fait découvrir la samba et appris à jouer de la guitare. On la retrouve dans « Décalé ».

« Place des Grands Hommes », mitonné pour « Avis de Recherche » par Bruno Garcin a été inspiré par le film « Les Copains d'abord » de Lawrence Kasdan. Il a jeté sur le papier « j' t' le dis quand même à trois heures du matin », à la suite d'une rupture sentimentale. Patrick est un pur, un pudique « Je n'ai prononcé " je t'aime " qu'une fois dans ma vie. Est-ce assez ? »

Un 1er décembre 1988, Patrick s'enferme chez lui avec le guitariste Alain Lepas, qui lui avait envoyé des maquettes. Avec Alain, il construit titre après titre. « Y'avait du bordeaux et des pizzas. On ne sortait pas. » Jusqu'au soir de Noël, les bandes s'amoncellent. Patrick les fait écouter à Mick Lanaro, son producteur. « Nous avons des liens très forts. Mick est entré dans ma vie au bon moment, ça a été un formidable coup d'accélérateur. » Au printemps, Patrick assure la promo de « L'Union sacrée » et « Force Majeure », puis il prend un aller-retour pour l'album, direction Toulouse et New York. Toulouse, une étape sur la route des vacances pour Cadaquès, en Espagne. New York, qui lui rappelle ses vingt ans. « En rentrant de la grosse pomme, j'avais l'audace. Je l'ai retrouvée pendant l'enregistrement. Je me suis tout permis. » Deux villes symboles, deux villes bilan du temps qui passe, efface et se souvient. « Alors regarde » est un album de retrouvailles, avec lui-même, avec ses idées. Ses amours. Ses amitiés. Patrick signe les musiques, les arrangements (avec Alain Lepas), la réalisation (avec Mick Lanaro), et presque tous les textes. Avant l'enregistrement, certains étaient seulement ébauchés.

Il trouve les derniers mots manquants d' « Alors regarde » dans l'ascenseur de l'hôtel. Après avoir parlé au téléphone avec Presgurvic resté à Paris. « Alors regarde », la chanson, se réfère aux menaces reçues à la sortie de « L'Union sacrée », à l'affaire Salman Rushdie, à la famine en Afrique. Patrick est branché sur son époque. Homme pressé, de presse, et de passion. Qui expulse jusqu'à l'explosion. « Quelquefois, j'ai entendu : " Ce n'est pas ton rôle de parler de ça. " Tant pis, je n'ai pas le tempérament, pas envie de fermer les yeux. » Il a achevé « Casser la voix » dans le taxi qui le conduisait au studio d'enregistrement. A New York, Patrick se sent chez lui. Au studio aussi. C'est le Hit factory. Aux murs, un vrai musée du rock : des disques d'or, des photos... Des légendes. La crème des musiciens est au rendez-vous : Philippe Saisse (arrangements cuivres et claviers, piano acoustique et claviers), Steve Ferrone (le batteur d'Eric Clapton), Nick Moroch (guitare), Carl James (basse), Bashiri Johnson (percussions)...

Patrick laisse couler dans ses veines la couleur et la peine, la mémoire et les « je t'aime ». « Même si on est fou », c'est une génération (les trente ans) qui en regarde une autre (les dix-sept). « A leur âge, on était sacrément plus barjot ! » « Flash-back » raconte trente ans de sa vie. Et « La Fille de l'aéroport » a été écrite sur une carte d'embarquement, New York Kennedy Airport. Il rentrait à Paris, elle à Mexico. Dans la chanson, elle file à Kingston, reggae oblige. Images de destins croisés, croisement de feux d'un ancien amour qui rime avec jamais plus de toujours. Enfin « Dors » s'adresse à ses deux petits frères : « Dormez, mais ne fermez pas les yeux. » « Quand le doute est trop fort faut pas glisser, tenir encore » écrit-il une demi-heure après avoir vu « Le Cercle des poètes disparus », une phrase inscrite en exergue du disque. « Parce que tout le monde doute. On ne peut pas aimer tout le monde, on ne peut pas être aimé de tout le monde. Il faut bien choisir pour aimer bien. » Amour, encore, qui mène le monde, qui mène nos corps. L'amour mène aussi à la haine.

« Rock, Haine, Rôle » résume l'album. Il fait allusion au « détail » de Le Pen et au mai de Chine. « Je l'ai fini pendant Tien Anmen », se souvient-il. Une colère chantée tout en composant la maquette. C'était la première chanson imaginée à New York. Comme un signe, encore.

L'ALBUM PAR CEUX QUI L'ONT FAIT

Bertrand de Labbey, son agent :

« La première fois que j'ai croisé Patrick Bruel, c'était pour un concert, à l'Olympia. Il y avait les mêmes mouvements de foule que lorsque Johnny paraît. Bien sûr, Patrick, je l'avais déjà repéré au générique de films pas terribles, où lui était bien. Et j'avais entendu beaucoup de choses à son sujet. Le mal qu'on me disait de lui, c'était dix fois mieux que de faux compliments. Lorsqu'il a sorti “ Tout le monde peut se tromper ", je me suis dit, ce gars-là devrait réussir. Et puis je l'ai rencontré dans mon bureau, c'était l'époque où son contrat avec Phonogram tirait à sa fin. Il a beaucoup parlé, surtout des chanteurs qu'il allait voir, il en parlait en bien, ça m'a frappé. Et puis, l'album est venu. Ce qui me faisait peur, c'était son côté chien fou-j' veux tout faire. Mick Lanaro l'a calmé. Il a sorti un quarante-cinq tours en tremblant. A la fin de l'année, il aurait pu faire Bercy, mais que serait-il resté pour après ? »

Bernard Carbonez, directeur de BMG :

« Un jour, j'ai reçu un appel de son agent : " Etes-vous intéressé par Bruel ? " Je ne connaissais pas le personnage et pas bien le répertoire. On a discuté beaucoup, longuement même, le jour où l'on s'est rencontré, le soir. Il parlait de lui, de l'art, du métier, du sport. Il avait du charme, la tête sur les épaules, il échangeait des idées, posait des questions. On s'est vu six ou sept fois. Début 89, on a signé un contrat d'artiste ; c'est bien pour une maison de disques, le lien est plus fort. Certains ont dit : " Bruel, pfff. " Moi, je savais que j'avais devant moi une graine de star. Chez lui, il m'a joué de la guitare, avec Alain Lepas. Patrick était en plein dans l'album, musique et paroles. On a parlé du répertoire avec Gérard Presgurvic.

Finalement, je n'ai pas dû avancer beaucoup de critiques. Le budget de l'enregistrement de l'album a été fixé à 900 000 F, ce qui, pour la notoriété de Bruel, n'était pas exagéré. Christian Herrgott, directeur artistique, a eu l'idée de Mick Lanaro. Je n'ai pas joué ma chemise sur cet album, comme on l'a dit. La seule chose que j'ai jouée, c'est ma crédibilité. Nos deux carrières ont pris de l'essor en même temps. Un succès comme celui de Bruel aide à développer l'image de la société. Il nous a aussi poussés à réfléchir sur une nouvelle philosophie de travail. »

Gérard Presgurvic, auteur-compositeur :

« Pendant longtemps, Patrick n'était pas prêt pour chanter ce que je lui faisais dire. Et puis il y a eu " Casser la voix ", et un décalage est intervenu à ce moment-là ; une fracture entre son côté léger et fantaisiste, et ce texte, cette blessure. Pourtant, moi, je n'ai fait que retranscrire avec mes mots, la haine qu'il avait dans le bide. »

Mick Lanaro, producteur :

« Christian Herrgott m'a téléphoné. Il m'a parlé d'un album avec Patrick Bruel. Et m'a confié que Patrick aurait dit, lorsque mon nom a été prononcé : " Lanaro, c'est un rêve impossible. " En général, je réfléchis beaucoup. Là, j'ai dit oui tout de suite.

Bruel, je le croisais lors des concerts de Sheller, de Lavilliers. A chaque fois, ce “ môme ” me tenait les propos humbles d’un élève respectueux de ses maîtres qui a envie d’apprendre. Je pensais qu’il n’avait pas l’outil de communication auquel il avait droit. On a pris un brunch chez lui, chez moi, on a écouté les maquettes, et bossé trois mois en profondeur sur la pré-production ; pour établir une liste de 16 titres et en face les lieux d’enregistrement prévus. Une de mes tâches était de le dynamiser sur les textes. Patrick écrit avec plein de spontanéité, de naïveté, de défauts aussi qui font son charme. Des textes à la va comme je te crie, léchés, hurlés, braillés. Il balance des choses simples. L’enregistrement a eu lieu à Toulouse et New York.

Pourquoi ? Pour l’isoler de son milieu parisien. Mon premier travail a été de “ virer ” tout le monde. Quand on enregistrait “ Voleur de feu ” avec Lavilliers, Patrick bûchait “ De face ” dans le studio d’à côté. Son équipe passait son temps à jouer au ping-pong. Je lui ai dit : “ Collabore sur des titres, mais je ne veux voir personne. ” Pour “ J’ te l’ dis quand même ”, il avait un problème. “ Je trouve pas de refrain ”, répétait-il. “ Eh bien, dis-le. ” Il l’a dit : “ Mais j’ trouve pas de refrain à notre histoire/Tous les mots qui m’ viennent sont dérisoires. ” “ Casser la voix ” est né un dimanche, un après-midi chez moi.

On travaillait, et il me dit : " Tiens j'ai un début mais pas de maquette, ça me gêne parce qu'elle n'est pas finie. " Je lui réponds : " Vas-y " c'était " Casser la voix. " Il l'a faite à New York en deux temps, trois mouvements. Une prise pour la musique, une pour la voix, une pour la guitare, et le mixage en quatre heures. Il était à deux pas, derrière la vitre, avec la rage de convaincre. Il a gagné ma confiance quand il s'est mis à chanter, il était pas content de l'écho. Il disait : " Mon écho. " Je lui ai rétorqué : " Le jour où tu pourras chanter sans ouvrir ta gueule, tu entreras dans le club des grands. " Je suis intervenu beaucoup dans la façon de respirer, la mise en place, l'interprétation, l'exigence. Je pense que ce disque est une performance ; le travail que j'ai fait, personne ne l'avait fait auparavant, j'ai réussi à lui extirper sa spontanéité, à aller chercher en lui l'essentiel. Mon ambition était de le crédibiliser. J'avais tellement envie de prouver qu'il était l'égal des artistes dont je m'occupais. Cette fois-ci, le concept c'était lui et pas l'album. A la convention de BMG fin août 89, on a trinqué dans des tasses à café, en se disant, si on en vend 100 000, on fait sauter les bouchons. »

Frédérique Veysset, photographe :

« Je l'ai rencontré par hasard à un concert à La Cigale. On avait un copain commun, Vincent Lindon. Il est passé une fois au studio, une demi-heure, j'ai shooté des photos. C'est tout bête, en cachant la moitié du visage, on excite l'imagination. Patrick n'est pas très dur à photographier, d'ailleurs, il sait comment être bien photographié. Je lui ai montré qu'il pouvait être beau en photo. C'est peut-être prétentieux, mais avant longtemps, il n'aura pas de pochette aussi belle. Parce que c'était un moment magique, tout simplement. Plus tard, il m'a demandé de réaliser un clip, c'était mon premier, ça m'a fait flipper. »

Antoine Chouchani, directeur général de RCA :

« Cinq, six ans avant " Alors, regarde ", j'avais demandé à Monique Le Marci, directrice des programmes sur RTL : " A votre avis, quelle sera la prochaine star française ? " " Pour moi, il est évident que ce sera Patrick Bruel ", répondit-elle. Ma première rencontre avec Bruel, c'était à BMG. On a discuté du Liban, de Stevie Wonder, des enfants. Au début, quand il téléphonait à la maison, ma petite fille hurlait : " Papa, papa, c'est celui qui se casse la voix qui veut te parler. "

On n'a pas fait un travail particulier sur la promotion, on a simplement été vigilant sur les photos, sur les télés, car Patrick veut du *live* total, pas du play-back. 40 000 albums étaient en pré-commande. On pensait prendre le mois pour mettre l'album en place, on a mis une semaine. Pour le disque, il n'y a pas eu d'achat d'espace dans la presse, ou de pub TV. “ Casser la voix ”, est sorti fin août. Début septembre, on l'a envoyé aux radios, et on l'a présenté deux mois et demi après au Top 50. Il est arrivé 52e, et donc n'est pas rentré. La semaine d'après, oui. Je suis allé en radio le défendre, c'était pas évident. On reprochait au disque d'être difficile à programmer, trop lent, intro trop longue.

Quand je suis rentré au bureau, j'ai lancé : “ Il va falloir travailler beaucoup, beaucoup. ” “ Casser la voix ” s'est classé numéro 1 au Top 50. “ J' t' le dis quand même ”, “ Alors regarde ”, “ Place des Grands Hommes ” et “ Décalé ”, dans les cinq premiers du Top 50. Notre objectif était 100 000 exemplaires vendus d' “ Alors, regarde. ” On a presque atteint les 2 millions. »

Patrick Bruel en tournée,
été 1991...

Le triomphe

Photos : Bertrand Desprez/L'Express

« Bruel, je ne le connaissais pas. Je suis allé voir “ Force Majeure ”. Et je l’ai trouvé formidable, dedans. Vraiment. Alors, je l’ai appelé. Il m’a laissé un message sur le répondeur. “ Si on se voyait ? ” On s’est vus. J’ai découvert un type épatant. Entre-temps, bien sûr, il est devenu une vedette énorme. J’ai un peu décroché. Je ne dois pas aimer les vedettes énormes. N’empêche. J’ai toujours pensé que si je devais inventer une suite à “ Mon père américain ”, ce ne serait pas un roman, mais un scénario. J’imagine bien Bruel prendre l’avion avec une petite fille. »

JEAN-MARC ROBERTS, écrivain

9

Naissance d'un mythe

Le George-V, septembre 90. Bruel entame une promo en abysse. Y'a de la demande. Faut se répandre. Dans *Elle* et dans *l'Express*, dans *Télérama* et dans *Libération*, il cause, confie, bouscule, répond. Message, toujours recommencé : « J'ai changé. » Cette fois, le message va passer. « " Marre de cette nana-là ", c'est votre période David et Jonathan ? », attaque Laurence Romance pour *Libé*. Bruel encaisse : « Aïe, la dureté ! » A tous, il souffle les mêmes phrases, volutes de vérité : « Je ne supporte plus de croiser des gens qui me font remarquer : " Finalement t'es pas con. " Le " finalement " fout vraiment les boules, non ? » Il a vendu son album à 600 000 exemplaires, affronte le Zénith et ne mange plus guère. « Ce serait indécent de monter sur une scène devant 6 500 personnes chaque soir sans avoir un peu peur, n'est-ce pas ? Dites, il fait pas un peu chaud, là ? »

Les trois semaines suivantes, Bruel répète à tour de voix. Et, le 8 octobre, à Evry, il donne un concert « de chauffe ». « Il y a eu une panne d'électricité, raconte Antoine Chouchani, à l'époque directeur de la promotion chez BMG. Mais, dans le noir, les gens ont continué de chanter. » Premier indice. Jolies prémices. Gilbert Coullier, le tourneur, ajoute :

« Patrick n'avait pas rencontré son public depuis trois ans. La dernière fois, à Rouen, on comptait 250 personnes. » De quoi se brouiller la boussole.

Souvenirs en vrac, souvenirs de trac. Il y a l'escalier qu'on descend en tremblant. Il y a ce grondement qui plane en s'amplifiant. Bruel respire. Bruel transpire. Il entame « Alors regarde » derrière la scène, grimpe cinq marches et surgit, guitare en bandoulière, dans un nuage de fumée. 9 octobre, stop. Premier concert au Zénith, stop. Il a déjà gagné. Dans « Bruel tour 90-91 », la vidéo produite par « 14 Productions » — sa société — (130 000 cassettes mises en place, 130 000 cassettes arrachées) les musiciens avouent : « On est tombés par terre», « on s'est sentis tout petits » ou « j'ai pleuré. » Il y a de quoi. 6 500 fans transportées s'électrisent, s'érotisent et font un triomphe au papa de « Lola ». Elles tiennent leur briquet à bout de bras et fredonnent tout, des sanglots dans la voix. « Quand Julien démarrait " Jaloux ", se souvient Etienne Roda-Gil, l'inventeur de " Poissons morts " ou du " Patineur ", les jeunes filles reprenaient le refrain. A côté des groupies de Bruel, elles chuchotaient. Ah, le môme est bien, si, si, le môme est bien... » La rumeur court Paris : c'est l'hystérie. Il faut être allé au Zénith ou en avoir été empêché par un trekking en Patagonie. Johnny débarque de l'île Maurice ? Il prend sa bagnole et fait le pèlerinage de La Villette. Roman Polanski, Catherine Deneuve, Francis Huster, Michel Berger, Richard Berry... aussi. Même que ça en jette. Les copains, eux, sont tout émotionnés. Marie-Sophie Lelouch reconnaît volontiers : « On était fiers, mais fiers. On l'a pris de plein fouet. » Et Pierre Jolivet de conclure : « Mon frère et moi, nous étions surtout venus pour lui faire plaisir. On plaisantait : " Ah, non, Patrick, pas Brel, pas celui-là, ne nous le gâche pas. " Et puis, on s'est laissé emporter. Sur un disque, on peut truquer. Sur la scène, s'agit de prouver. » Dans un carré réservé, trente-cinq dirigeants de BMG international se concertent. Ils sont venus pour développer la carrière de Bruel à l'étranger.

Lui n'a pas mégoté. Il a tout contrôlé. Mick

Lanaro l'y a aidé. « Les musiciens (de Barbara, de Lavilliers) ont accepté de jouer à ses côtés parce que je le leur demandais. » Patrick, à l'époque, manque encore de crédibilité. « Je leur ai dit : " Il faut beaucoup l'aimer, beaucoup l'aider et évidemment, bien jouer " », précise le metteur en scène du spectacle. Son rôle : rabat-joie. « Je passe mon temps à énumérer ce qui ne va pas. » Bruel, de son côté, s'autoflagelle : « Il m'appelle et me fait remarquer combien il a été mauvais. » Pour le Zénith, en tout cas, il a beaucoup donné. Y compris une chanson inédite (jusqu'en octobre dernier) qui parle de son père et s'intitule : « Qui a le droit ? » « Il l'a interprétée rien que pour moi », soupire Alexandre Arcady. Le 9 octobre 90, Bruel se lance : « On m'avait dit " te pose pas trop de questions " / Tu sais, petit / C'est la vie qui te répond / On m'avait dit " Ecoute ton père " / Il n'a rien dit quand il s'est fait la paire... Qui a le droit / Qui a le droit / Qui a le droit d' faire ça / A un enfant qui croit vraiment / C' que disent les grands... » « Là, martèle Gérard Presgurvic, il m'a fichu sur le cul. Personne ne la connaissait. N'empêche, tout le monde la reprenait. Contre ça, on ne peut pas lutter, qu'est-ce que vous voulez ? »

Nous ? Rien. Lui ? La reconnaissance, enfin. Pour l'obtenir, Patrick Bruel n'a rien négligé. Il s'est même inventé une silhouette décalée. On l'avait connu à l'Olympia en n'importe quoi, le voici en T-shirt, jean Cimarron surteint et cache-poussière. « Noirs, soupire Kareen Hechter. Patrick déteste les couleurs. » Bruel connaît Kareen depuis trois ans et Daniel, son père, depuis un match de foot inter-vedettes à Rouen. Un soir, il téléphone : « Le Zénith rapplique. Qu'est-ce qu'on pourrait faire ? » La maison Hechter a déjà habillé Michel Sardou, Johnny Hallyday et Julien Clerc. Elle va — pour la première fois en sus —, s'occuper du cas des choristes et des musiciens. « Patrick avait déjà ce grand manteau de soie. Nous avons coupé le même en orange pour ses trois voix, les sœurs Correa : Eva, Marisa, Regina. » Mais Kareen ne s'arrête pas là. Dans la loge du Zénith, elle repasse elle-même le pantalon de Patrick et — puisqu'il n'y a pas de maquilleuse — farde ses trois choristes. Aujourd'hui, le manteau trône dans les boutiques. « Les gens le réclamaient. Mais nous n'avons pas habillé Bruel pour en tirer des retombées », assure Kareen. On la croit. Qui aurait parié sur la Bruelmania ?

Elle court, la maladie d'amour. Dans les classes de lycée, les journaux, les télés. Bruel s'étonne : « Moi, je sais ce que je donne. C'est ce qui m'entoure qui devient démesuré. » Depuis la scène, il voit. Il voit des gens se resserrer, des couples se former. Depuis la scène, il sent. Il sent l'émotion passer. Gilbert Coullier — vingt ans de métier — s'attendrit : « Il était émerveillé. Et je dois dire que, lorsqu'il entonnait " J' te l' dis quand même ", je n'arrivais pas à me sentir tout à fait blasé. » En juillet 90, Coullier avait retenu un Zénith, pris une option pour un deuxième, décidé de quelques dates de tournée. Ses plans vont changer. Tout l'hiver, Bruel sillonnera une France en transe. Une France en manque. Tout l'hiver, il lui parlera à l'oreille. « J'ai assisté à 25 concerts, estime Antoine Chouchani. Ce n'était jamais pareil. » Le 8 décembre, « 24 heures » filme pour Canal + les concerts de Bruel à Montpellier et à Toulouse. L'équipe le cueille au réveil, « dès 13 heures à cause des infos. » Il a la voix enrouée, l'air klaxonné. Pas assez pioncé ? Enroulés dans leurs écharpes, des fans l'attendent au bas d'un hôtel Altéa. Un salut, des baisers. « Ces mômes, c'est pas des cons. Ils sont là pour donner. » Vie de tournée, kilomètres avalés. Bruel voyage en R 25. Arrive dans la ville suivante juste à temps pour la balance. Deux camions de matériel et 30 personnes l'ont précédé. Patrick peut procéder. « 24 heures » interviewe André à la régie-son. Les « catering » (cuisinières) aux fourneaux. Caroline, l'habilleuse, qui lui prépare serviettes et thé. Ce soir est un bon soir. Toulouse, une ville clef. Bruel y a enregistré « Alors regarde ». Il doit y triompher.

Il y triomphera le 14 mai suivant, pour son anniversaire, au crépuscule d'un deuxième concert. Toute la presse parisienne — ou presque — a fait le voyage de Toulouse. Bruel — « trente-deux ans et pas le blues » — se donne à fond devant des milliers de fans médusés. Plus un charter d'invités. Figures libres et méli-mélo : Boujenah monte sur scène, Presgurvic, aussi. Patrick tombe dans les bras de Mick Lanaro. Bernard Carbonez, patron de BMG, explique : « J' croyais avoir tout vu de Bruel. Ce soir-là, j'ai pris une leçon. » Gégé Presgurvic renchérit : « J'aurais jamais écrit l'album que j'ai écrit ensuite sans avoir vécu sa tournée au point culminant. J'ai emprunté à Patrick son côté rentre-dedans. » Bertrand de Labbey, l'agent du jeune homme, conclut : « Je n'arrive pas à comprendre comment les plombs n'ont pas sauté. » Car il faut l'assumer ce succès. Le disséquer. En discuter. « La chanson, c'est ma vie, assure Bruel. Alors, si quelqu'un me balance une critique, autant que ce soit fondé, autant qu'il m'explique. » Les scènes de délire s'enchaînent. Y compris à Bruxelles. Bruel commente pour la RTBF le match de foot Belgique-Uruguay. Il boit une bière place de Brouckère. Quand des fans lui tapent sur l'épaule. Un quart d'heure plus tard, ils sont 200 à tenter d'avoir ce bonheur. La Belgique a gagné 3-1. Bruel ne s'en tirera qu'après un tour d'honneur.

Seule étape douloureuse dans ce parcours sans faute : Les Victoires de la Musique. Le 2 février 91, Bruel est « nominé » dans trois catégories : meilleur interprète masculin, meilleur album et spectacle de l'année. Il n'obtiendra rien. Ses fans manifestent. Sifflent. Ecrivent. Protestent. Dans la rue, des inconnus apportent leur soutien : « C'est des enfoirés », et continuent leur chemin. Bernard Carbonez donne son point de vue « officiel » : « La " chose " nous est apparue comme une profonde injustice. La profession n'a pas cru devoir remettre une Victoire à Patrick, il s'en est tout de même sorti. Le grand gagnant, c'est lui. » Et Etienne Roda-Gil renchérit : « L'an prochain, il aura tout. Vraiment, il peut apporter une brouette. Mais, s'il a un peu de dignité, pitié, qu'il n'y aille pas. » « J'irai si mes fans le réclament », rétorque l'intéressé. Il risque donc une nouvelle soirée. En smoking et mocassins cirés.

Poursuivons. Coullier n'a pas prévu de tournée d'été. Devant « l'affectueuse pression » des mouflets, il change son fusil d'épaule. Et réserve une trentaine de dates. De Cayenne à Fort-de-France, de Menton à Béziers, de Nîmes à Bastia. La première, Berck, le 11 juillet, affiche complet trois mois à l'avance. Les journaux mitraillent. Tout s'emballe. *Elle* met Bruel en couverture le 17 juin pour son spécial hommes. Il y est promu « sex-symbol » et « porte-parole ». *Vogue Homme* l'affiche à la Une en juillet. Et *Libération* se penche à son tour sur le phénomène avec cette lancinante question : « Qui est vraiment Patrick Bruel, ce Tapie de la chanson ? » Devant un tel plan-media, Brubru reste froid. « Seul *Vogue Homme* m'a vraiment fait plaisir. J'en rêvais depuis tout petit. Je sais pas. Je trouvais ça prestigieux, je trouvais que ça avait de l'éclat. »

« Nous, chez BMG, nous souhaitions que la promotion suive une courbe descendante, reconnaît Antoine Chouchani. Mais Patrick connaît beaucoup de gens. » A ce stade, Bruel reçoit cinq à six demandes d'interviews par jour. Qu'il refuse le plus souvent. Il fait, cependant, une exception pour *l'Express* qui doit lui consacrer sa *cover* le 1er août. *On the road.* Sur la route.

Berck, le 11 juillet. Un chapiteau dresse ses piquets. Alentour, les commerçants ronchonnent : « Les flics ont fermé le périmètre de bonne heure, on n'a pas pu travailler. » Quand même... 7 000 fans déferlent. Clients potentiels. Des adolescentes pressées côtoient des jeunes gens épars. Des mères intéressées traînent des pères goguenards : « Et vous lui trouvez quoi à çui-là ? » *Backstage* — en coulisses — Patrick parle de son album, de « ces mots qui sont allés rencontrer des gens ». Il embrasse les handicapés, accorde des audiences, fait le charmant. Jean-François, petit bonhomme, se jette dans les bras de « Papatrick » et lui demande : « T'as des enfants ? » Maman sort le kodak. Dix minutes auparavant, Bruel a envoyé aux pelotes un photographe qui s'apprêtait à le shooter : « Pas de photos, j'ai un bouton. » Il contrôle son image et a nettoyé toutes les agences de presse des portraits indésirables. « J'ai pas envie que mes fans me disent : " elle est moche, cette photo ". Elles le disent avec leur cœur. Ça fait chier. »

Sur scène, Bruel abat un boulot fou. Objecte-t-on que sa démarche laisse parfois à désirer ? « C'est cette maladresse qui fait son charme », aboie une fan. Patrick se déplace latéralement, esquisse trois pas de samba, pose les mains sur ses hanches et tricote des genoux. Commentaire d'un grand Duduche à l'air anar : « C'est bonnard. » Il reprend « Jeff » à la va-trop-vite. Qu'importe. Des couples se mettent à valser. Ils lévitent. Bruel peut-il tout oser ? Devant son public, sûrement. Devant un autre public, le choc pourrait ne pas manquer de piment.

Il a lieu, deux jours plus tard, au Leysin Rock

Festival (Suisse). A 1 400 mètres d'altitude. Au bout du monde, au bord du temps. Pour y arriver, il faut le mériter. Quarante kilomètres d'une route en lacet qu'on anticipe le cœur soulevé. Bruel a résolu le problème. Il atterrit avec Gilbert Coullier et Michel Quesnel, le régisseur, en hélicoptère : « Avec la brume, c'était super. » Dans sa loge cernée de bambous, il balise sec. 21 000 rockers préparent les canettes. Bruel s'inscrit en clôture entre Big Audio Dynamite et Santana. La catastrophe couve : « Bruquoi ? » Pour l'heure, la star en débardeur se prépare à « communiquer ». La tente, où se déroulent les conférences de presse, se remplit : on n'attend plus que lui. Comme au festival de Cannes, pour les films-événements, on ne trouve plus un strapontin. Eh ben... « Faut-il applaudir pour le faire venir ? » sarcasme un journaliste suisse. La perfidie atteint son but. Entre Patrick Bruel, objet de culte. Allons-y pour le poids des mots : « Non, je ne revendique aucune image rock. Oui, j'ai écrit deux chansons pour Johnny. Oui, j' commence le film de Michel Deville en septembre. Hein, qui vous a dit que j'avais peur de venir à Leysin ? » Patrick affiche le genre serein. Il tutoie les journalistes. On est entre gens de rock and roll. Les met dans sa poche en leur racontant une histoire salée qui lui a été réclamée. De la bricole. Les bras croisés, Freddy, l'un de ses gardes du corps, veille sur la bête qui, justement, sort, très « en visite » : « Allez, ça m'a fait plaisir. » Deux heures plus tard, l'homme se lance, évite deux canettes d'entrée de jeu, et balance : « Alors regarde/ Regarde un peu... » A la deuxième chanson, un océan de briquets s'allument — cinquante mille ont été vendus en cent soirées. A la dixième, le public lève le poing. A la douzième, les couples dansent. Bruel, vainqueur par K-O, embrasse Noah, égaré par là : « Alors, t'avais vraiment raison d'avoir peur ? » Et se jette sur Santana pour la photo.

Un palace de Lausanne, le lendemain matin. Des dorures, des salons grands comme des salles de bal et les chariots du petit déjeuner qui roulent en hennissant. Bien, on dort quand ? Patrick, comateux, se jette dans la R25, conduite par le chauffeur, Areski Bourabia. Il est resté jusqu'à six heures du mat' avec Santana. Direction : Ruoms en Ardèche. Soient 420 kilomètres. Les petits matins, souvent, sont aléatoires. 17 heures, Ruoms, sa fournaise, ses petites routes à une voie. Dans un pré, des gradins, une buvette et 4500 groupies que Patrick engouroutera. Les cigales grésillent. Bruel s'habille. S'assoit sur l'herbe. Se relève. Sautille. Dix gendarmes assurent la sécurité. Dix gendarmes, est-ce assez ? « Tout dépend », répond un prudent. 21 heures, Bruel frappe dans ses mains pour rameuter les musiciens. Michel Quesnel l'éclaire à la lampe de poche. Bruel embraye sur « J' te le dis quand même ». Il ne murmure pas « je t'aime ». Juste « moi aussi ». A 23 heures, après quatre rappels, tout est plié. Tout est fini. Sur la place du village, au café du commerce, un atrabilaire soupire : « Eh bé, il a pas additionné d'heures supplémentaires. »

Plus tard, Bruel ira faire le bœuf avec Pauline Ester (qui assure sa première partie), Alain Lepas et les autres au Blues brothers, un café aux néons fluo, qui jouxte la nationale. Ils beuglent. Ils braillent. Le lendemain, Patrick confiera : « Je n'y ai pas pris le plaisir qu'il fallait. Y'avait un mec qui ne m'aimait pas. Il m'a occupé l'esprit. Si, dans une salle de 10 000 personnes, y'en a une qui n'y croit pas, c'est immanquable, je focalise sur elle. » Le lendemain, l'équipe s'ébranle. Pour la prochaine étape, Vienne, à 160 kilomètres de là. Dans le bus, deux musiciens, Gérard Gambus et Thierry Chauvet, se lancent des vannes, écoutent leur discman, boivent du coca. Il y a dix couchettes pour treize. Ce qui implique un roulement. John Woolloff, le guitariste anglais, a oublié sa valise en Ardèche. Chris Thouzet, le régisseur, prévient les impétrants : « Ici, on ne fume pas. »

17 heures, Bruel à la balance. Il porte un short blanc et, les pieds nus, s'avance. Il interprète « Décalé » à la sèche avec une choriste : « J' dois le lancer plus vite, on l'a pris trop lent. » Puis, « yaourte » en anglais. Il a des petits fous rires. Il se sent fatigué. Imite Julien Clerc et chuchote : « Tiens, je n'ai pas composé ma chanson de la journée. Douze concerts, douze refrains, un album. » Emballé, c'est pesé. Déjà, les groupies courent comme des Huns tombant à bras raccourcis sur Rome. Vas-y, bonhomme.

Cette nuit-là, Bruel roule vers Carcassonne, la prochaine ville-étape. Il veut se reposer. Souffler. Halte-Retape. « Tiens, je pourrais déjeuner avec les Noiret. Ils habitent la région. Moi, Philippe me fait marrer. Sur " Le Grand Carnaval ", il plaisantait : " On se dit bonjour, une fois pour toutes, hein ! Pas la peine de recommencer tous les matins. " Ça, j'aime bien. » Le soir, Patrick chante dans un stade. La Croix-Rouge patrouille pour distribuer des bouteilles d'eau. Il fait chaud. On lui lance des ours en peluche. Il jette son manteau. Dans sa loge, un bout de vestiaire polaire, il enfile un peignoir et constate : « Ils ont réagi de manière extraordinaire. Le seul problème, c'est que le succès t'enlève l'audace. T'as peur que ça rétrécisse alors que c'est là qu'il faut prendre des risques. »

En fin de tournée, Bruel aura rassemblé un million de fans. Le rétrécissement est-il pour maintenant ? Les lendemains en tout cas ne craignent rien. Aux Francofolies de La Rochelle, le 18 juillet. Après Liane Foly, après Johnny Hallyday, Bruel y a convié quelques invités : Gabrielle Roda, une jeunette qui a signé chez BMG. Elle vient susurrer : « Il pleut sur La Rochelle. » Muriel Robin (« J'imprime pas ») : « Vous voudriez pas me faire un petit plaisir ? Vous pourriez pas crier Mu-riel, Mu-riel ? » Et 15 000 visiteurs survoltés de s'exécuter. Parmi eux, un certain Michel Rocard. L'ex-Premier-ministre s'est entretenu une heure avec le chanteur. « Je suis venu pour comprendre », lâche-t-il. Et pour écouter.

En fin d'après-midi, Bruel a — encore une fois — « conférencé » : « J'étais là sur le parking du Cabu en 1987. Le public, aussi. Les journalistes, pas. » Attrape ça. Ces Francofolies qu'il clôture, il les a attendues comme un sacre. Mot qui ne lui plaît pas. Même si l'idée n'est-ce pas... Ce soir, Patrick triomphe. Les filles comme ailleurs « pâmoisonnent » avec ce petit quelque chose en plus qui fait les grands soirs. Appelons ça de l'échange, du frisson, de l'émoi. Patrick danse sur une forêt de bras. Et arrache la Une de *Télérama*. Tout BMG s'est déplacé.

Délirium pas mince. On vainc ou on ne vainc pas. Entre-temps, l'album est sorti dans tous les pays d'Europe. « Casser la voix » a fait un tabac en Hollande et une version anglaise a été écrite par Dee Dee Bridgewater. Dans son bureau de l'avenue George-V, Bertrand de Labbey résume : « La carrière de Bruel représente un raccourci de toutes les autres carrières. Franchement, pour les autres, il doit être écœurant. » Lors d'un concert, à Juan-les-Pins, un anonyme murmure, admiratif : « C'est pas vrai, c'est pas vrai. » Il s'appelle Yves Montant.

« Depuis quinze ans, j'attendais ce moment de plaisir intense. Ce partage exceptionnel avec le public. Tous les soirs de concert sont des soirs de fête. Patrick Bruel monte sur scène, et donne aux mômes de la joie. La Bruelmania, elle est là, pendant le spectacle. Y'a cette magie, personne ne sait pourquoi. Et c'est exceptionnel d'avoir été témoin depuis le début de ce mélange de communion et de bonheur absolu. »

CHRIS TOUZET, régisseur

10

La Folie Bruel

La gloire est le deuil éclatant du bonheur.

Madame de STAËL

La rumeur enfle dans le théâtre antique de Vienne. 16 juillet 1991, 19 heures. Les infirmiers de la Croix-Rouge sont à la peine : « Nous prévoyons des entorses et des fractures. Ça, c'est du sûr. Nous allons distribuer de l'eau et des tablettes de glucose. Les pompiers sont mobilisés mais on cause, on cause, et j'oubliais... naturellement, on déplore quelques évanouissements. » Fin de la litanie, du moins pour aujourd'hui. Dès l'ouverture des portes, les fans — en majorité de très jeunes filles — ont squatté des barrières qu'elles défendent, depuis, au péril de leur mise en plis. L'une a le coude coincé. L'autre, des pieds étrangers sur ses pieds. Celle-ci fait de l'esprit : « Vous pourriez pas vous desserrer ? Ce serait gentil, merci. » Le thermomètre accuse encore 36 degrés. Elles ont attendu six heures sous le cagnard, au coude à coude, torturant leur billet acheté (165 francs) le mois dernier. Dans 120 minutes, « IL » va entrer. Dans 120 minutes, elles vont hurler. Et tout sera oublié.

Pour l'instant, « IL » avale une plâtée de spaghettis-bolonaise, en coulisses, et s'informe : « Vous les entendez ? » Le contraire aurait de quoi nous mener illico chez l'oto-rhino. « Pa-trick, Pa-trick », reprennent, en chœur, 9 000 voix déchaînées. C'est un public courtois, un public bien élevé. Qui attend l'heure bleue. Qui le mange des yeux. Il brave tout pour voir son dieu. La fatigue et l'attente, la distance et la foule. La houle. Il a entre douze et soixante ans. Attend debout, sage et obéissant. En six concerts, un seul ronchonnement. Celui de Paulette, quarante-sept ans : « Au moins, chez Patricia Kaas, on était assis. » On se lève pour Bruel. Comme à la chapelle. « Voici Pauline Ester. Elle assure la première partie, j' vous demande de bien l'accueillir », annonce Bruel, derrière la scène. Pauline sera bien accueillie. « Quand Patrick m'a demandé de venir chanter avant lui, j'ai d'abord été très angoissée, confie-t-elle. Je pensais à toutes ces filles qui crieraient son nom et je me disais que je courais au massacre. Mais, non. » Pauline a sans doute du talent. Pauline bénéficie — aussi — d'un parrain puissant. « Ma vie, c'est lui », chuchote Valérie, seize ans. « Ses textes me traversent le corps », Nicolas, dix-sept ans. « Je pleure en l'écoutant », Marie-Bénédicte, quatorze ans.

Bruel rassemble, au moins émotionnellement, la France. « Il a compris les mouflets, commente Etienne Roda-Gil, le parolier de Julien Clerc, de Vanessa Paradis, de Johnny Hallyday. Et ne les méprise jamais. » Etienne n'avait jamais entendu le jeune homme en concert. C'est Yvonne Lebrun, directrice des programmes d'Europe 1, qui lui a téléphoné : « On n'a pas vu ça depuis Claude François. Viens. Tu ne peux pas le manquer. » Le parolier d'« Alexandrie-Alexandra » se pointe donc au Zénith en octobre dernier. Verdict éclairé : « Un sociologue parlerait d'aliénation mentale. Je réponds " bonheur ". » Extatiques, les mômes couvrent les musiciens en enchaînant le répertoire par cœur. « On a cru à des problèmes de son, on ne s'entendait pas », se souvient Jean-Louis Hennequin (claviers) qui, dans le bus de tournée, dévore les œuvres complètes de Yukio Mishima. Problèmes de son, tu parles... Pendant 130 concerts, de l'hexagone à l'outremer, ils ne failliront pas. Les petits égrènent « J' te le dis quand même ». Déploient « Casser la voix ». Entonnent « Place des Grands Hommes ». Impriment sur leurs jeans de gros cœurs au marqueur et brandissent des banderoles qui réclament « La Javanaise » ou proclament : « Vas-y Patrick. On est tous avec toi. »

Car ils sont vraiment là. Question subsidiaire : Pourquoi ? Berck, le 11 juillet, Pierre et Stéphane, vingt-cinq et vingt-six ans, manœuvres : « Sur scène, Bruel vaut le jus. » Berck, encore, Delphine, vingt et un ans, étudiante : « Ses textes ont du sens. Ses mots me branchent. Chez moi, j'ai une pile d'interviews de lui que je lis et que je relis. Il est mon frère, mon amant, mon mari. » Berck, toujours, Didier vingt-quatre ans, employé de banque : « Je l'ai vu, à ses débuts, en première partie de Patrick Sébastien. Il n'a pas changé. Sa tête n'a pas enflé. Comment j' le sais ? J' le sais pas, j' le sens. » Ruoms, le 14 juillet. « Patou, Patou », scande un molosse qui boit du lait. Nadine, trente-deux ans, mère au foyer, enchaîne : « Bruel, j' l'ai entendu pour la première fois à Lyon l'an dernier. Je crois qu'il dit les mots clefs : “ Aie la force, réagis, ne glisse pas, tiens bon ”. C'est pour ça qu'on aime tellement ses chansons. » Raphaël, dix-huit ans, libraire : « Oh, nous, on est surtout venus pour les copines. Elles l'ont vu à Valence et depuis... bien sûr, ça nous rend un peu jaloux mais ç'aurait pu être pire, pensez, elles auraient pu craquer pour les New Kids on the Block. » Isabelle, vingt ans, étudiante : « Il a de la personnalité. Ma mère en est cinglée. » Christine, dix-huit ans, lycéenne : « Bruel n'est pas, comme Roch Voisine, un flirt passager. Je l'écouterai encore dans dix ans. Pour moi, il continue le travail entrepris par Daniel Balavoine. » A Carcassonne, une volée de mômes qui poireaute en VTT devant la porte du stade, ahanne : « Il sort par là, " Francis " Bruel ? On voudrait le voir pour le remercier. Nous, d'habitude, on préfère le rap, hein, ben ouais. NTM ou MC Hammer, vous connaissez ? Mais, là, il nous a pas fait chanter. Il nous a fait gueuler. Si on aurait cru... »

Chaque soir, les petits se pressent à la sortie. Chaque soir, ils intriguent avant le spectacle auprès d'un des gardes du corps, Areski, ou du tourneur, Gilbert Coullier : « Je lui ai apporté un cadeau, dites, je peux lui donner ? » Bruel les reçoit, s'intéresse, parafe des autographes. « Il est classe », soufflent les heureux qui sortent de sa caravane. Les autres envisagent sérieusement de « devenir attachés de presse pour le rencontrer ». Un hôtel près de Ruoms, le 15 juillet, jour off sur la tournée. Bruel, casquetté, lunetté, bref déguisé, descend à la piscine. Cinq minutes plus tard, les admirateurs — des bouts de chou sans dents de devant — ont pris racine : « J' m'appelle Sue Helen, tu peux signer ? » (« J' m'appelle Tom, j' peux t'embrasser ? » La star doit s'esquiver. « Ils sont formidables, ces mouflets, soupire Bruel. Si proches de moi que j'ai parfois envie de sangloter. Sympas, discrets. Ils demandent l'autorisation de te prendre en photo. Et, quelquefois même, te vouvoient. C'est beau. Hier, en revanche, deux nénettes sont venues m' gonfler : “ Ouais, on était au Zénith, c'était naze toutes ces gonzesses hystériques. ” J'ai répondu : “ 10 000 personnes qui chantent avec toi, je ne vois pas ce que ça a de naze. ” Je ne supporte pas qu'on ose le moindre mot sur tous ces gens qui viennent me voir. Le public et moi, on ne s'est jamais lâché. On ne va pas commencer. »

Cela dit, le succès lui pèse aussi. Septembre à Paris. Les Champs-Elysées, un samedi après-midi. Bruel et Arcady veulent grignoter une pizza en vitrine. Au Café Di Roma. Ils ont le droit. Du moins, c'est ce qu'ils croient. Dix minutes plus tard, une marée de 500 groupies envahit l'endroit, escalade des voitures et hurle sa joie. Patrick grimpe d'abord au premier étage puis se réfugie dans un salon de coiffure. Souriant mais déconfit. Il regagnera son Ax pourrie, garée près du Grand Palais, entre des policiers. *Paris-Match* prend des photos. Dans son émission du mercredi, Christine Bravo retrace la « tragédie ». Le lundi 21, Marie-Thérèse Guichard, dans l'hebdomadaire *Le Point,* s'interroge sur les « Psy-shows de Bruel ». On parle de mini-émeute. Notre homme grommelle. Il fatigue. Le 21 toujours, surlendemain du concert pour les dix ans d'NRJ, place de la Nation, Patrick confie à Alain Morel du *Parisien Libéré :* « Je rêve d'aller retrouver des amis, à l'étranger, où je peux m'offrir une bière sans déclencher de folie. Je rêve de faire de la voile avec Luc Peyron parce que, sur la mer, il y a une sorte de vérité. Je rêve de revenir un jour sur scène voir si la mer n'a pas effacé mes châteaux de sable pendant que je tentais à marée basse de retrouver mes amarres. » Bref, il rêve d'autre part.

Ses fans l'espéreront. « Tout ce qu'il dit nous touche, tout ce qu'il dit nous colle la chair de poule », soupire Karine, quinze ans. Karine piétine depuis trois heures de l'après-midi, mais elle a mal négocié la mêlée. Résultat ? La voici au fond. « J' vois pas, ça fait rien. J'entends, c'est bon. » Karine est venue avec sa copine Valérie. « Si on le rencontre un jour, explique-t-elle, on lui demandera une bise et une mèche de ses cheveux. » « Alors regarde » est le premier album que Valérie ait acheté. Le concert de Vienne, le premier concert auquel elle soit jamais allée. « Demain, j'écouterai le disque toute la journée, mes vieux vont craquer. » Ce n'est pas si vrai. Car les parents chavirent, aussi. Renée et Régine, cinquante-six et cinquante-huit ans, n'avaient pas mis les pieds au concert depuis Serge Lama, voilà dix ans : « On est venues vérifier. Le humer ce phénomène, ce Bruel dont on cause tout le temps... » Marie-Paule, cinquante-sept ans, relativise : « J'ai vécu ça avec Enrico Macias. Là, j'accompagne ma fille. Elle doit tordre son mouchoir quelque part dans le noir. » Car les gosses donnent tout. Leurs pleurs, leurs vies, leurs âmes. Leur argent de poche, aussi. Même si l'évoquer, ici, relève du mauvais goût. Il se vêtent Bruel. Achètent T-shirts, bandanas et briquets. « Cette année, précise Alain Berger, responsable du merchandising, les pin's (“ Bruel ” ou “ J'y étais ”) ont, comme ailleurs, fait fureur. » Cette année, y a-t-il une chose qui n'ait pas marché ? Jusqu'à ces vagues d'amour qui croissent, prennent et surprennent : « Chaque fois, elles touchent droit au cœur », s'enflamme le guitariste Dominique Bertram. Il faut dire qu'en retour, ils offrent, chaque fois, le leur. Marylin, elle, offre aussi son temps. Elle est blonde, elle est douce, elle vend des cuisines aménagées. Et, en prévision de la tournée d'hiver, n'a pas pris de vacances, l'été dernier. Elle suit Bruel. Le devance. Accumule du retard. Engrange de l'avance. Pour venir jusqu'à Ruoms depuis Lausanne (Suisse), l'étape précédente, elle a pris trois trains successifs, un autocar poussif. Elle est fatiguée, Marylin, crevée, usée. Pourtant, dès les premières notes d' « Alors, regarde », elle sera là, au premier rang, comme chaque soir. Si quelqu'un a le droit de le chuchoter, c'est elle : « Patrick, je l'aime. »

Les yé-yés ont fait des bébés. Ils écoutent NRJ, regardent le Top 50 sur Canal Plus, et lisent *Salut* ou *Podium*, qui ne leur cache rien sur leurs fav'. En 66/67, *Salut les copains* se vendait à un million d'exemplaires par mois. Et Sylvie, Johnny, Sheila, Clo-Clo envahissaient les pages. Aujourd'hui, la moitié des titres de cette presse a disparu. Les temps changent, pas les recettes ni les engouements. Les teen-agers des nineties, comme ceux des sixties, aiment les vedettes. Ils les affichent. Le lecteur-type reste depuis vingt ans une jeune fille, élève de cinquième dans un CES de la banlieue parisienne. Entre ses cahiers, ses livres, elle glisse un magazine qui parle d'elle, de ses bonheurs, de ses cafards, de ses coups de cœur, de ses stars.

Pendant dix ans, Nicolas Darlet a dirigé le

département Presse Jeunes de Filipacchi : *O.K.*, *Girls*, *Salut*, *Podium*. Depuis cinq ans, il a fondé Edi Presse : *Salut*, *Starclub*, *Starfix*. *Salut* met Bruel en couverture une fois sur deux, en alternance avec Les New Kids on the Block : « Patrick a réussi le mix ciné/chanson. Il est moins transparent que Mike Brant, par exemple. Mais à partir du moment où il fait la couverture de *Elle*, de *Vogue*, de *L'Express*, il perd de sa spécificité ado. Il coupe le cordon avec la presse jeune. C'est le même phénomène qu'avec Vanessa Paradis qui, progressivement, a conquis un public plus adulte. Bruel est arrivé au sommet en quelques mois. » Avec lui en couverture, *O.K.* augmente régulièrement ses ventes. Pour la première fois depuis la création du journal, *Jeune et Jolie* met un homme à sa Une le 18 juillet 1991. *Podium*, lui, a sorti début août un hors-série Bruel. On ne s'y était pas risqué depuis six ans, c'est-à-dire depuis Madonna et Michael Jackson. Mais, avec Bruel, la passion n'est pas éphémère, elle ne se fonde pas seulement sur des chansons, mais sur une « personnalité ». Bref, dans toute la presse jeune, on est fidèle à Bruel. « Normal, rétorque-t-on, il n'a jamais rompu avec elle. »

« J'adore Brel, Brassens et Bruel : ce sont mes trois “ B ”. J'aime “ Alors, regarde ” à cause du message. Faut profiter de la vie et pas stresser. Et “ Place des Grands Hommes ” pour l'esprit de fraternité. C'est un grand frère. Un super copain. Je le trouve mignon mais je ne suis pas hystérique comme toutes ces filles qui me font honte pour la gent féminine. Dans dix ans, je ne sais pas si je l'écouterais encore. Ou alors par nostalgie de mes années de collège. Restera-t-il comme les Beatles ? Moi j' crois que dès qu'il aura des plis au coin des yeux, ce sera fini. Sûrement, oui. »

MARIE-CHARLOTTE,
quinze ans, fan de Patrick

11

Bruel par ses potes

Pour Gérard Presgurvic, « ne pas aimer Patrick, c'est ne pas aimer la vie ». Il connaît bien l'un et l'autre. Il a trente-cinq ans et, entre Bruel et lui, coulent douze étés d'amitié, de soleil et de rivières, d'ombres et de lumières. Patrick et Gérard, c'est les copains d'abord, à la vie, à l'amour, à la mort. « Je connais tout de lui, je revois encore sa tronche à dix-neuf ans. Et puis, de temps en temps, avec ses réflexions, il m'asseoit littéralement. » Entre eux, une amitié personnelle, une amitié professionnelle. Une affection de tous les moments. « Y'a un côté petit de la bande, p'tit frère qui accepte les coups de pieds au cul. Patrick écoute, il gamberge et cherche sans cesse à s'améliorer. Ça, ça me plaît. » Gérard est donc son meilleur ami, et Evelyne, la femme de son ami. Son amie à lui aussi. « Evelyne, c'est la seule qui n'écrase pas. Elle ne laisse rien passer. Elle a été dix ans attachée de presse. Elle a vécu dix ans à mes côtés. Ça vous blinde. Patrick et moi sommes deux mômes face à elle. Evelyne nous bluffe chaque fois. Je crois qu'elle représente l'unique personne dont il ait peur. Peur parce qu'elle seule peut remettre en cause une décision dont il est sûr à 100 %. »

L'amitié, ça se nourrit, ça se cultive. « On ne se laisse rien passer. Patrick a tous les défauts de quelqu'un qui aime la vie : il est mauvais joueur, mauvais perdant. On le sait. C'est un type fragile, avec toute la rouerie qu'il faut pour arriver là où il est. Il parvient aussi très bien à cacher son jeu. Si quelqu'un lui fait du mal, il ne le montre pas. Il ne l'oublie pas pour autant. Patrick n'est pas rancunier. Mais il a une mémoire d'éléphant. »

Bruel n'a pas le cuir épais. C'est un sensible. Il ouvre son cœur, il tend la main. Il donne. Il écoute. Les grands, les enfants. « On a fait quelques trajets Paris-Deauville avec son album dans le lecteur de cassettes, se rappelle Marie-Sophie Lelouch. Il se met souvent au piano, ou bien fredonne sur les boîtes à musique de Sabaya, notre fille. Il adore les petits. Quand Patrick est en train de lessiver Claude au tennis, on les lui envoie, ça le déconcentre. En plus, il est gentil avec les mamans, avec les papas. A notre mariage, ma mère ne comprenait pas que “ tout le monde puisse se tromper, même Dieu ”, comme il le dit dans sa chanson. Elle suppliait : “ Quand même Patrick, pas Dieu... ” Bref, elle lui tenait un discours de catéchèse. Il l’a supporté gentiment, poliment. D’une certaine manière, Patrick retranscrit les rapports père-fils, sœur-frère. »

Patrick, c’est vrai, est souvent entouré d’aînés. Des hommes à la quarantaine active. Comme Alexandre Arcady. « Depuis “ Le coup de Sirocco ”, il est non seulement un ami, mais aussi un frangin. Le premier à voir le bout à bout de mes films en secret. Il m’a fait entendre “ Casser la voix ” avant sa sortie, sur la radio de ma voiture, dans le parking de mon bureau. » Patrick suit les conseils, Patrick est attentionné. « Au Zénith, à la fin du spectacle, je suis passé *backstage*. Il sortait de scène, fou de joie. J’aimais beaucoup une de ses chansons, sur l’enfant et le père, alors il est retourné sur scène, et m’a dédié “ Qui a le droit ”. Il s’est mis au piano, et après 43 concerts, il s’est passé quelque chose d’extraordinaire. Il n’a pu la chanter, à cause d’un problème technique. Alors, dans sa loge, il s’est remis au piano et il l’a fredonnée, rien que pour moi. Ça c’est Patrick, sa générosité, sa grâce. Bien sûr, il y a eu d’autres étapes traversées de doutes, de notes plus graves, mais ceci n'appartient qu'à nous. » Patrick rassure, Patrick console. « Un soir, nous étions à Deauville, avec Lelouch, se souvient Gérard Darmon. J'étais très malheureux, alors il s'est mis au piano et a chanté toute la soirée pour moi. J'ai trouvé ça magnifique. »

Patrick Bruel et Gérard Darmon sont amis depuis dix ans. Un bail. Ils appartiennent à la même bande de copains chahuteurs, un peu hâbleurs, toujours grands cœurs. « Depuis quatre ans, Richard Berry, Vincent Lindon, Patrick et moi sommes devenus des amis intimes. Mais je déteste l'appellation " bande à Bruel ". On ne le vit pas comme ça. Il s'agit aussi bien de la bande à Lindon ou de la mienne. Celle à Darmon. On forme une famille. Cela vient du fait que l'on est tous juifs d'origine méditerranéenne. On a donc des racines communes très fortes, et on se sent tous concernés par le racisme et le combat contre Le Pen. » Ses copains le protègent. Donnent leur avis. « Je lui ai dit, la seule chose qu'il faut que tu préserves, c'est ton authenticité, ta vérité », confie Arcady. Des valeurs qui se gomment en flirtant avec la gloire. « Sa supériorité sur les autres artistes, c'est qu'il a toujours cet air naïf, épaté », confie Pascale Hania.

Bruel est quelqu'un qui doute beaucoup. Il a donc besoin de séduire. Plutôt charmeur, souvent drôle, il possède l'art de la répartie. Et de la force de conviction. Patrick a aussi tout compris de son époque. « Il a peut-être la vision qu'il faut pour cette fin de siècle. Plus d'envie de communication que d'états d'âme, constate Bertrand de Labbey. En deux ans, Patrick Bruel a vécu quinze ans de la vie d'un autre. Il est maintenant obligé d'inventer son métier. Il n'y a plus de point de repères. Et lui saura le faire. Il réfléchit, raisonne, justifie ses choix. » Des choix sur lesquels Patrick se montre intransigeant. Il est exigeant envers lui-même et envers les autres. « Il a besoin qu'on le rassérène aussi de temps en temps. Ce qui me plaît le plus en lui, c'est sa fidélité, il appelle beaucoup, énormément, et gueule quand on ne lui rend pas assez la pareille », commente Gilbert Coullier. Ainsi se dessine l'image d'un jeune homme attentif, d'un homme jeune, perfectionniste, coléreux, gueulard et revanchard. Quelqu'un qui « pourrait devenir un super-dirigeant », résume Antoine Chouchani. Une personne qui dit clairement ce qui va et ne va pas. « Il révèle peu de chose de ses buts et manipule les gens, mais toujours généreusement, poursuit Bertrand de Labbey. Il crée des postes, délègue, mais, au fond, reste le patron. C'est un travailleur acharné qui amène les gens à donner le meilleur d'eux-mêmes, courtoisement. Il fait mon admiration. »

Cette réflexion emporte l'adhésion. Kareen Hechter, qu'il fréquente pour des spaghettis parties, confirme : « Il gère tout, il s'occupe de tout, et laisse croire aux gens qu'ils prennent la décision. On peut tout lui dire, il s'en sert à bon escient. Il a une idée sur chaque chose et reste pourtant ouvert à tous les plans. Je crois qu'il n'a vraiment pas changé. Ses défauts, il les avait avant. Il sait aussi, il sait surtout à qui s'adresser. » Beaucoup de monde gravite autour de lui. « Mais bien peu osent lui dire la vérité, remarque Mick Lanaro. Moi, je suis un peu son Jedi. Ce qui me plaît en lui, c'est qu'il sait de moins en moins de choses. Il n'a pas la grosse tête, il n'est ni péremptoire, ni démagogue, et se pose de plus en plus de questions. Mais j'ai peur tout le temps pour lui ; des rencontres, des influences. Pourvu qu'il continue de m'appeler, qu'il garde son côté instinctif, animal, qu'il ne devienne pas une machine de guerre. »

L'avenir le dira. Le présent, ce sont ces gosses qu'il transporte. Ces mouflets qui se reconnaissent en lui. « Il était attendu par toute une génération. Il est arrivé à l'heure, et en plus ses potes l'aiment », conclut sobrement Vincent Lindon, qui a potassé la question avec passion. Vincent Lindon, lui aussi, pote d'une génération.

« J'ai le souvenir d'une nuit, après une émission nocturne sur France Inter, on sortait d'un Wimpy, il était quatre heures du matin, et je nous revois, Patrick et moi, fouillant dans nos poches, à la recherche de trois ou quatre francs qui nous manquaient pour acheter une bricole à manger. »

GÉRARD PRESGURVIC, chanteur

12

Deville en contre-chant

Ils sont délicieux, talentueux — évidemment — mais aussi désarmants, Michel et Rosalinde Deville (« Péril en la demeure », « La Lectrice », « Nuit d'été en ville »). Patrick Bruel, ils le connaissaient par ses films. Surtout par « Force Majeure ». Ils ne l'avaient jamais écouté et ont été fort étonnés d'apprendre « que ce jeune homme chantait ». Ils désiraient l'engager pour « Sweet Heart », le prochain long métrage de Michel.

Michel a donc bourlingué jusqu'au concert de l'idole à Chatou. « Il avait l'air impressionné », sourit Bruel. Il peut, la rencontre est attendue. Une passerelle. Un pas en avant. « Je tourne là quelque chose d'important. » Dans ce polar psychologique, éclaté en soixante personnages, il campe le héros, un flic qui déteste qu'on le prénomme « Sweet Heart ». C'est l'histoire, aussi, d'un apprentissage. Le sentiment de danger modifie les êtres. Sweet Heart ne va pas y couper. « Cette partie d'échec à trois, on risque de la prendre en pleine gueule. J'ai vraiment eu le coup de foudre pour le scénario », affirme Bruel.

Adapté d'un roman d'Andrew Coburn, le synopsis mêle un agent d'Interpol, Thurston (Vernon Dobtcheff), un homme d'affaires irréprochable en apparence, Antoine Gardella (Jacques Dutronc), et un jeune inspecteur de police, Christophe Vade (Patrick Bruel). Vade doit approcher Gardella, soupçonné de fricoter avec la mafia. Jeu des attirances, jeu des apparences. Qui fera mat ? On verra.

Bruel s'avoue confiant : « C'est bien, aujourd'hui, pour moi, de me retrouver dans une entreprise dont je ne suis pas spécialement la vedette. Et qui ne dérive pas de mon succès de chanteur. " Sweet Heart ", j'aurais pu le tourner au lendemain de " Force Majeure ". » A ses côtés, une brune brûlante, Mathilda May, qui interprète la femme de Dutronc. Choc frontal avec le grand Jacques ? « Il ne me connaissait pas. Moi non plus. Je l'ai vu le premier jour du tournage. Cela représentait un cas de figure idéal. Nous avions peut-être une idée l'un de l'autre qui n'était pas nécessairement la bonne. » Pas nécessairement, nan.

Si les Deville l'ont choisi, c'est parce que Bruel s'impose. Qu'ils goûtent chez lui ce côté « désordonné » qui sied tant au personnage de « Sweetheart ». Qu'ils le trouvent pro avec « une vraie sincérité et une vraie gentillesse au sens où la gentillesse relève des qualités d'un gentilhomme. » Patrick a vu presque tous les films de Deville. Il lui voue une totale confiance. « Sous le rôle perce une grande ingénuité qui colle bien à son regard, décrète Rosalinde Deville. Une ingénuité étayée par une immense volonté. » Fermez le ban.

Après Lyon, après Zurich, après Evian, villes « sweetheartiennes », Patrick rejoindra Coline Serreau pour une comédie. Bruelienne jusqu'au sucré, l'année s'achève donc en reconnaissance dorée. Le comédien — on le sait — a participé au prochain album d'Hallyday. Un patchwork (logiquement) assemblé par Bon Jovi, Tony Jœe White, Art Mengo, Etienne Roda-Gil... Emballé, c'est mixé. A New York, s'il vous plaît. Au départ, Patrick aurait souhaité composer le disque dans sa totalité. « Je le lui ai déconseillé, reconnaît Mick Lanaro. Il y aurait gagné une super-crédibilité en y laissant sa moelle. »

Patrick et Johnny s'estiment. Se complimentent. Se donnent l'accolade et tout le toutim. Ils n'en font pas mystère. Un soir, chez Foucault, Hallyday, sincère : « Je viens parce que je l'aime bien. » Bruel, attendri : « J'ai fait les chœurs de " Gabrielle " à Bercy. » Bref, vous en êtes un autre — je vous en prie. Trois minutes auparavant, ils ont interprété « Casser la voix ». Beau combat. « Je crois qu'Hallyday a voulu montrer qu'il restait le boss, s'amuse Lanaro. En somme, il lui a glissé : " Regarde p'tit gars ". »

Patrick, en retour, a marné sur du papier ; rêvé sur des idées. Résultat ? Une chanson « gueulée ». Chanson vérité. Où Johnny répond aux critiques qu'on a pu lui opposer. A Ruoms, Bruel, convaincu, lâchait : « Il est bien, mon texte. Il est bien. Lanaro m'a fait remarquer que c'était très bruelien. J'ai été plutôt étonné. Si on m'avait dit que j'avais un style... »

Il a du style, Bruel. Il l'a prouvé. Il l'a montré, le 7 novembre, avec la sortie de son disque live « Si ce soir... » : vingt-trois chansons enregistrées en public. De « Qui a le droit » à « Casser la voix ». De « La Javanaise » à « Jeff ». de « J' roule vers toi » à « Décalé ». Un cours de rattrapage à l'intention de ceux qui seraient passés à côté. Avec, pour couronner, « la béquille Hallyday qui risque de le poser pour l'éternité. » La phrase est d'Etienne Roda-Gil. Y a-t-il quelque chose à ajouter ? Les guignols de l'info s'en chargeront.

« Je lui ai demandé de venir à l'émission en avril, il m'a répondu : “ Non, on me voit trop. On m'entend trop. ” Nous sommes tombés d'accord pour septembre. L'actualité en a décidé autrement. Rendez-vous en novembre sera peut-être le bon moment. Ce garçon bénéficie d'une popularité extrême. Il me paraît donc intéressant de savoir ce qui l'indigne, le révolte ou l'enthousiasme. Il est certes le représentant d'une génération, mais il a prouvé qu'il était capable d'aller à contre-courant d'un certain pacifisme lors de la guerre du Golfe. Je le considère comme quelqu'un qui véhicule un processus d'identification. Et qui peut créer des réactions chez des gamins qui l'adorent. Avec Bruel, je suis persuadée qu'on sera surpris. »

ANNE SINCLAIR, « 7 sur 7 »

13

Tous les garçons s'appellent Patrick

Les années 80 ont bâti l'homme-yuppie, l'homme aux Ferrari. Individualiste, gagnant, faiseur d'argent. Chaque décennie apporte son message et son messie. L'homme des années 90 ouvre les yeux : « Alors regarde ». Un soir d'octobre, au Zénith, Patrick Bruel a sorti de l'automne les teen-agers brumeux, les petits frères des enfants du « Grand Bleu ». 40 % des adolescents ont été emportés par l'ouragan Besson. 20 % ont replongé deux fois avec Jacques et ses dauphins. Ils ont le grand blues du « Grand Bleu ». Ils l'ont écrit sur leurs cahiers, sur les murs de leur lycée. Ils ont tagué de noir leur cœur avec leur vague à l'âme. Ce spleen, ils l'ont combattu *via* Peter Weir et son « Cercle des poètes disparus », lui aussi révélateur de passions. Deux films qui flirtent avec la tentation suicidaire.

Bruel résume la morale de l'histoire. Il leur assène : « Te laisse pas aller, te fous pas en l'air », analyse Olivier Mongin, auteur de *La Peur du vide*. En septembre, Mongin s'interroge sur la Bruelmania dans la revue *Esprit* qu'il dirige : « Patrick Bruel fait passer à la fois le plus grand bonheur collectif et le pire malheur individuel. Glissant constamment de l'un à l'autre : il sourit d'autant plus, il est d'autant plus présent et corporel en scène, qu'il ne cesse de broyer du noir, de chanter le mal quotidien auquel personne n'échappe. En cela, le grand frère de la génération lycéenne traduit (in)volontairement l'état d'esprit et les attentes de la génération Grand Bleu. »

Car les lycéens ne voient plus grand-chose. Ne sentent plus grand-chose. Leurs parents ont plané sur Goa, fumé des chimères, dépavé les rues. Ils ont fait la guerre en mai 68, l'amour aussi et des bébés chéris. Puis, ils ont fermé la porte, divorcé, rendu les clefs. La famille a éclaté. La télé a rassemblé devant les pubs, devant les clips. Mais, elle a isolé. Les enfants se cherchent un père qu'ils ne trouvent ni chez eux, ni au lycée, mais au ciné sous les traits du professeur Keating (« Le Cercle des poètes disparus »). L'anti-prof, celui qui donne des leçons de vie. Et oublie les notes, les contrôles, l'administration dans un monde où l'enjeu a remplacé le jeu. « En classe, seul compte le critère d'utilité, écrit François Dubet, sociologue et professeur à l'université de Bordeaux II, dans *Les lycéens*. La vie juvénile est indépendante de la vie scolaire. » Il faut aller chercher ailleurs ses maîtres à penser. Dans le rap et la poésie. Les plus exigeants vouent un culte à Rimbaud comme Judith Godrèche, l'héroïne symbolique du long métrage de Benoît Jacquot justement nommée « La Désenchantée ». Les autres hésitent à basculer dans l'âge adulte et sacrent leur « Noce blanche » comme Vanessa Paradis chez Jean-Claude Brisseau. Mais presque tous hissent à leur Top 50, Dechavanne, De Caunes, Les Nuls et Bruel.

Patrick leur parle. Il les conseille. Lors des manifestations lycéennes, il explique sur scène : « Vous laissez pas faire. » Il se réfère à l'actualité, à la solidarité, aux valeurs « morales ». A l'engagement. Au moment de la guerre du Golfe, il quitte « SOS Racisme » qu'il trouve trop pacifiste. C'est un pote qui pense. Qui panse, aussi. Car ils ont peur, ces mômes. Des conflits, de l'Europe, du chômage, du sida. Peur de devenir connement conformistes dans une société qui uniformise. Peur de ne plus savoir se mettre en colère. Peur de ne pas savoir faire comme leur père. « Bruel brandit l'idée que ça va mal dans leur tête et dans la sienne, reprend Mongin. Il les appelle a créer des moments de communauté. Instaure le culte de l'instant. Agit en aumônier : confesse-toi, on va se réchauffer. » Des mots simples pour un discours simple. Il positivise, il rassure. Tel un guide, un hérault.

Il fédère. Regroupe. Proteste. « La chanson française ne peut pas exister sans esprit de contestation, estime Etienne Roda-Gil. Ça se passe comme ça depuis les troubadours. Dans le cas de Bruel, il y a, de plus, une tentative de ne pas mépriser les mouflets. Donc de l'intelligence, de la fragilité là-dessous. Et peut-être un peu d'art. » Bruel ne romantise, ni ne rebellise. Il ouvre son cœur d'adolescent au public mais verrouille sa vie privée. Même si son rayonnement rappelle les raz de marée qui entourèrent B. B. Il donne du sens à sa vie. A leur vie. Pour ses fans, tous les garçons s'appellent Patrick. Il y a une génération Bruel. Elle est confiante. Elle est sereine.

« J'ai connu Bruel lors d'une émission de télé sur les restos du cœur. Il s'agit d'un jeune homme sympathique. Je l'ai revu pendant la manifestation contre la profanation de Carpentras où nous avons marché un kilomètre côte à côte. Il a une certaine éthique. A l'époque de sa tournée, je l'ai appelé parce qu'une petite gravement malade de chez moi à Puy-Guillaume l'adorait. Il est venu lui parler. Sinon, bien sûr, je suis allé au Zénith. Vous donner des titres de chanson ? Moi, vous savez, à part les chansons à boire... »

MICHEL CHARASSE,
ministre délégué du budget

14

Bruel à la lettre

ALORS REGARDE

« Un abruti a décrété que le texte était simpliste. Quoi simpliste ? Mettons simple et réaliste. Moi, j'ai du mal à supporter la critique. Même si un article est bon, je focalise sur les deux lignes de restriction. »

AMOUR

« Je saute pas tout ce qui bouge. Avec les filles, pendant la tournée de Sébastien, en 1985, on était plus nerveux. Cela dit, je suis très affectueux. Faut être clair. Pas faire croire à une nana de dix-neuf ans que c'est pour la vie. Ben oui. Remarquez, je ne parle jamais de belles filles mais de belles personnes.

De gens beaux à l'intérieur. Qui ont un regard. Qui ont du cœur. »

ARGENT

« “ Même si on est fous ” ne s'adresse pas à la génération qui a dix-huit ans aujourd'hui. Mais à la génération des 18/20 ans d'il y a trois ans. Celle qui collait aux wonder boys et aux yuppies bedonnants. Ils me gonflaient un peu, défendaient quelque chose que je ne trouve pas essentiel : l'argent. Non, je le répète, l'argent n'est pas essentiel. Mais, quand on gagne le fric que je gagne, il ne faut pas être indécent et prétendre que ça ne sert à rien. J'ai jamais fait ce boulot pour le blé, jamais. Deux milliards ? On raconte que j'ai gagné deux milliards ? Franchement, c'est exagéré. Vous pouvez diviser par deux, je paie des impôts. Au départ, je me disais que quand un compte en banque alignait un nombre de zéros conséquents, on ne pouvait pas être pareil. Qu'on devenait différent. Finalement, j'ai acheté un appart', un bel appart'. Sinon, je n'en profite pas. Bien sûr, je suis plutôt content de savoir que ça me met à l'abri. Qu'aujourd'hui, je pourrais m'arrêter, vivre d'une petite rente. Mais qu'est-ce que je me ferais chier... Et puis, est-ce qu'on peut écrire les mêmes choses en ayant gagné autant de pognon ? Au fond, je crois que oui.

Evidemment, que oui. On garde les mêmes préoccupations. »

BONHEUR

« J'ai l'impression d'être passé à côté de beaucoup de choses. Tu ne peux pas avoir depuis l'âge de seize ans, une exponentielle de bonheur — où chaque année se révèle deux fois mieux que l'année d'avant — et vouloir que le temps passe lentement. Il passe vite, le temps. Très vite. J'ai quitté le lycée avant-hier, mais " j'ai pas flotté tranquille sur l'eau, et j'ai pas nagé le vent dans le dos ". Bref, ça a pas été de tout repos. Petit, je répétais : si j'arrive à ce niveau-là, vous aurez devant vous un mec heureux. Mais, non, ça ne suffit pas. Bien sûr, les bons moments l'emportent sur les mauvais. Je voudrais seulement que les journées durent plus longtemps. »

CARPENTRAS

« Après la profanation de Carpentras, y'avait trois cent mille personnes dans la manif parmi lesquelles deux cent cinquante mille juifs. Ça, ça rend inquiet. Mais bon, tout le monde s'en tape. C'est comme ce journaliste qui me demandait : " Vous sentez-vous menacé en tant que juif ? " En tant que juif, non. En tant qu'individu, oui. Et vous devriez ressentir la même chose d'ailleurs. »

CONCURRENCE

« Je n'ai jamais considéré les autres comédiens comme des concurrents. Je me réjouis de leur succès. Car le succès entraîne le succès. C'est — en tout cas — la loi de l'Amérique telle que je l'ai apprise à New York. »

COPAINS

« On n'est pas tendres les uns envers les autres. Non, on n'est pas complaisants. On essaie de se faire avancer, de dégonfler les grosses têtes. C'est fou ce que les media les font enfler. »

DELON

« Il a dit que j'étais le " Montand de la nouvelle génération ". Il m'a également proposé de jouer avec lui dans quatre films. J'ai refusé. »

DIEU

« Si Lennon est au paradis, j'y crois, oui. »

ÉVELYNE PRESGURVIC

« C'est mon amie à moi. C'est une bonne personne. Quelqu'un dont j'apprécie avant tout la cohérence, l'intégrité et le bon sens. Elle m'a appris, forcé — parfois violemment — à retrouver les valeurs essentielles, à être fidèle aux autres et à l'idéal de vie qui est le sien. Celui dont elle ne s'écarterait pour rien au monde. Si tu sors de sa ligne, elle ne te suit pas. Jamais. Elle m'a certainement plus apporté que je ne lui ai apporté, mais bon, le temps est devant nous. Le temps joue pour nous. »

DOUTE

« Je doute toujours. Je doute de plus en plus. C'est comme un entonnoir. Quand tu débutes, tu n'as aucun problème de comparaison. Tu te dis : " Avançons. " Maintenant, chaque étape est importante. Je n'ai plus le droit de me tromper. Ça fait peur. Très peur. »

FAMILLE

« Mes frères, je les écoute. On a des discussions. J'ai de la chance, ç'aurait pu être deux cons. Il s'avère que ce sont deux mômes exceptionnels. Leur faire écouter des trucs ? J' peux pas. J' suis trop pudique pour ça. J' préfère les montrer à des gens que je connais comme ça. D'ailleurs, si je me réfère aux goûts de Fabrice, j' vends plus un disque. » (rires.)

FOOTBALLEUR

« Je voulais le devenir, ma mère s'y est opposée. Elle a bien fait parce qu'il n'y a pas photo. Je préfère mon parcours. D'ailleurs, sur le terrain, je serais en fin de carrière, alors que là, j' commence. En Algérie, j'étais poussin. Aujourd'hui, je rejoins les rangs des " globe-trotters ", cette équipe composée de gens du spectacle. Nous nous produisons en lever de rideau de matches officiels ou pour des œuvres de bienfaisance. Le foot m'a rendu accro. Lors du Mundial 1986, j'ai refusé tout engagement. Je suis resté avec Gérard (Presgurvic), Michel Boujenah et des copines, rivé à mon petit écran. »

FRONT NATIONAL

« Je ne peux pas croire que les parents de " mes " gosses soutiennent Le Pen. Mais s'ils s'en trouvent, qu'ils viennent à mes concerts. Peut-être en sortiront-ils la tête un peu retournée. A Nice, je n'ai pas pu m'empêcher de parler : " Comment penser que dans cette ville où passe tant d'amour, il y ait 30 % de gens qui votent de travers. " Puis je suis rentré en coulisses, et on m'a fait remarquer : " Tu n'as pas été clair. " " Ah bon, c'est pas clair ? " J'y suis retourné. Appeler un jour à une manif anti-Le Pen ? J'y pense, ouais. »

GRANDS FRÈRES

« Ils sont trois : Presgurvic, Arcady et Garcin. Et je les aligne là sans ordre de préférence. Quand j'avais vingt ans, ils en avaient trente. Cette " différence " a créé des liens. »

GRANDS PARENTS

« Quand je passe à la télé, j' m'adresse toujours à ma mère et à eux. »

GROSSE TÊTE

« Le succès change les gens proches, beaucoup plus que l'intéressé. Du coup, l'intéressé change, alors les gens prétendent : " L'intéressé a changé. " C'est quoi la grosse tête ? Refuser de signer le quatre-vingt-unième autographe de la journée ? Préférer la compagnie de tes potes à celle d'un inconnu ? Dire non aux télés ? La télé, si j' veux, j'en fais une par jour. Toutes m'ont aidé. J'essaie, par conséquent, d'avoir la reconnaissance du ventre. Des exemples ? Volontiers. Sébastien m'a pris en première partie de sa tournée. Foucault m'a fait faire " l'Académie des neuf " plein de fois. Drucker m'a invité à ma première émission de *prime time*. Dans la même semaine, j'ai fait Sabatier. Alors j'y suis retourné, pour les remercier. Le seul à qui je n'aie pas encore rendu la monnaie, c'est Pascal Sevran. Ce type-là aime la chanson, et il m'a fait faire ma première émission. Ceux qui assurent que j'ai la grosse tête ne sont pas ceux qui ont le mieux vécu mon succès. »

MÈRE

« Une mère est une mère, toujours. La mienne est aussi une amie. »

PLAIRE

« Je fais rien pour plaire à tout le monde. Je vais pas m'emmerder avec des rapports fabriqués. »

POKER

« Moi, j'ai toujours su qui étaient les autres. Et je ne me suis guère trompé. Il se trouve que je joue aux échecs depuis l'âge de sept ans. Or quand tu joues à un certain niveau, tu comprends très vite qui tu as en face de toi. Même si, quelquefois, tu préférerais ne pas le savoir. Au bout de trois ou quatre parties de poker, c'est pareil. Tu vois, et les gens ne savent pas que tu vois. »

POLITICIENS

« Cette jeunesse qui me suit ne se retrouve pas dans leurs discours. En revanche, elle croit en mes chansons. Suis-je à la hauteur d'une pareille confiance ? Suis-je à la hauteur de toutes ces espérances ? Parfois, j'ai envie de tomber dans un mutisme complet. Tout ce que je dis est tellement repris, tellement écouté qu'on a envie de se taire. De laisser tomber. Il faut user de la parole, ne pas en abuser. Ne pas tomber dans la démagogie. Il y a des moments où tu ne te contrôles pas. C'est difficile de gérer à la fois ta tête et celle des autres. Moi, je cause, c'est mon caractère, je suis comme ça. Imaginons que je parle de la drogue à la télévision, et qu'un mec — parce qu'il entend — arrête, je dis : " Tant mieux ". Je dis " Bon ". Même un mec sur dix millions. C'est pas de la morale, la morale, je m'en tamponne. »

POÈTES DISPARUS

« Le Cercle, ça a été un choc. J'y ai tout pris en bloc. " Monte sur les tables, tout est en toi, sors-le, sinon personne ne viendra le sortir pour toi. *Carpe diem.* " Quel film, mais quel film ! Je l'ai vu à New York, le 5 juillet 1989. On était dix à être venus ensemble au cinéma. En sortant, j'ai marmonné que je ne me sentais pas très bien. J' suis d'abord allé à Kiev, un petit café dans Soho. J'ai ensuite passé une nuit insensée à marcher. J' suis enfin rentré à l'hôtel et j'ai fini trois textes de " Alors regarde ". Mais non, cette génération n'est pas désenchantée, ou alors toutes les générations le sont. Il faut simplement ne pas la complaire dans le désenchantement. Réagissons. Montrons aux gens qu'il y a quelque chose au bout du tunnel. Un môme qui se réveille aujourd'hui dans une banlieue, il a un mur en face de lui avec marqué dessus : *no way out*. Ajoutez à cela le chômage, le Golfe, les intégristes et le sida... Ces mômes sont rejetés, ils sont immigrés. Or quand on est rejeté, on devient agressif. Pour faire bouger les jeunes, il faut leur donner envie de bouger. »

PRÉSIDENTIELLES

« Y'a quelques années, Didier Van Cauwelaert se moquait gentiment : " Lorsqu'il sera vieux, Bruel se présentera aux Présidentielles. " Ça me fait marrer. Comment un mec a-t-il envie de devenir Président ? Quelle carence a-t-il besoin de combler ? De quel kilomètre lointain doit-il partir ? Moi, les partis, j' m'en fous. Je suis pour les hommes. Je n'ai pas voté pour le P.S., j'ai voté pour Mitterrand. En revanche, j'aimerais bien m'occuper d'un petit village, d'une commune. Comme Cabrel. Sauf que lui, il est chez lui, et que moi, je ne me vois pas maire de Tlemcen (rires). »

RAP

« Le rap, faut être clair. Si le message est bon, le rap est bon. Sinon, y'a qu'à le jeter. Public Enemy me semble un groupe dangereux. Il développe une violence calquée sur un mode de violence américaine. Y'a là quelque chose qui me trouble et qui m'inquiète. La musique a toujours servi à défendre de belles causes, pas à engendrer de la violence. Certains ont associé le nazisme et Wagner, ou le nazisme et Nietzche. Moi, je considère qu'ils vont chercher loin. »

RÉALISATION

« A force de triturer ceux des autres, j' vais bien finir par réaliser moi-même mes clips. »

RESPECT

« C'est vrai que j'ai envie d'être respecté. " Pas être pris pour un con par les gens qu'on déteste. " Encore moins par les gens qu'on ne déteste pas. La plume de Presgurvic a touché mes mots. Ce que je peux pas supporter, c'est que les fans te traitent comme si tu faisais partie du paysage. Comme si c'était un dû de leur donner une photo, oui, comme si tu leur devais quelque chose. Plus ils grandissent, plus ils te tapent dans le dos, plus ils te traquent en vidéo. »

RESPONSABILITÉS

« Je suis très conscient des gens que je fais travailler, depuis ceux qui vendent des billets, jusqu'à ceux qui écrivent dans les journaux. Ça représente du monde. Alors je suis obligé de pallier certaines carences, d'éviter certains écueils. Moi, j'ai une connaissance autodidacte de ce métier. J'ai vu, chez les autres, des choses que je ne veux pas voir chez moi. Donc j'ai appris à décider de l'essentiel. Mais je délègue aussi. Pas tout, et pas tout de suite. On ne peut pas dire que je contrôle chaque chose. Je veux simplement que tout soit bien fait. Tu peux pas arriver à huit heures du soir, et dire, rien ne va. Ni avoir un truc qui déconne devant huit mille personnes. »

ROMANTIQUE

« Etre romantique, c'est savoir regarder l'autre. Sourire à quelqu'un qui se trouve à vingt mètre ou — quand tu es loin — sentir que l'autre est là. Moi, j'ai un cœur d'artichaut. Je suis fragile. Je me caparaçonne. De toute façon, j'ai envie de passer à autre chose. De fonder une famille. D'avoir des enfants. Envie de partager tout ce que je vis. Parfois, je me sens seul. Comme tout le monde. »

ROUTE

« J'ai tenu la route. Ou c'est la route qui m'a tenu. Ça paraît énorme dix ans pour être reconnu. De 1979 à 1985, j'ai vécu des prémices. La vie n'était qu'une mise en place. Je me cherchais. Et puis le virus, la passion m'ont chopé. Mes rôles et mes chansons grandissent avec moi. En moi. Comme moi. »

SÉRIES B

« Il m'a fallu travailler pour vivre, pour payer mon loyer. Alors il y a eu des films et des films. Des biens et des moins biens. Y'en a que j'aime pas revoir, mais, bon, je les ai tournés. »

SCÉNARIO

« Ça fait s'interroger sur l'urgence. Sur la nécessité de faire des films. Quelquefois, je les ferme en disant : “ So what ? ” En général, il n'y a pas la réponse. Mais quand il y a la réponse, malgré les gaucheries, y'a un bon film. C'est pour ça que “ Le Coup de Sirocco ” ou “ Diabolo Menthe ” sont de bons films. Ce sont des films d'urgence. Les gens croient qu'un premier film n'est qu'un galop d'essai. Moi, je dis que la quintessence de ton propos doit émerger dès le coup d'essai. »

TÉLÉVISION

« C'est avec elle que je passe le plus de temps. J'en ai constamment deux allumées. »

TOURNÉE

« Partir en tournée, c'est astreignant physiquement. T'as envie de te déchirer avec tes potes dans une boîte le soir, mais tu peux pas. Il faut aller te coucher. Avaler ton compte de sommeil sous peine d'être mauvais. J'ai vu Higelin et Téléphone en tournée d'été. Et je me suis régalé. J'en rêvais de cette vie heurtée. Des villes, des bœufs, de la route. De cet échange chaque soir recommencé. De ce recommencement chaque soir échangé. »

Annexes

FILMS

1979 : Le Coup de Sirocco, de Alexandre Arcady. Avec Roger Hanin, Marthe Villalonga (sortie 18 avril 1979). Rôle de Paulo Narboni.

1981 : Ma femme s'appelle reviens, de Patrice Leconte. Avec Michel Blanc, Anémone (sortie 27 janvier 1982). Rôle de François.

1982 : Les Diplômés du dernier rang, de Christian Gion. Avec Michel Galabru, Marie Laforêt (sortie 18 août 1982). Rôle de Philippe.

1982 : Le Bâtard, de Bertrand Van Effenterre. Avec Gérard Klein, Julie Jézéquel (sortie 15 juin 1983). Rôle de Dan.

1983 : Le Grand Carnaval, de Alexandre Arcady. Avec Philippe Noiret, Roger Hanin, Richard Berry (sortie 7 décembre 1983). Rôle de Pierre-Marie Labrouche.

1984 : La Tête dans le sac, de Gérard Lauzier. Avec Guy Marchand, Marisa Berenson (sortie 31 octobre 1984). Rôle de Dany.

1984 : Marche à l'ombre, de Michel Blanc. Avec Gérard Lanvin, Michel Blanc, Sophie Duez (17 octobre 1984). Rôle du guitariste dans le métro.

1985 : P.R.O.F.S., de Patrick Schulmann. Avec Fabrice Luchini, Christophe Bourseiller. Rôle de Frédéric.

1986 : Suivez mon regard, de Jean Curtelin. Avec Richard Berry, Michel Galabru, Charlélie Couture (sortie 23 avril 1986). Rôle de musicien.

Printemps 1986 : La Mémoire tatouée, de Rida Behi. Avec Julie Christie, Jean Carmet (inédit). Rôle de Wanis.

1986 : Attention bandits, de Claude Lelouch. Avec Jean Yanne, Marie-Sophie Lelouch (sortie 3 juin 1987). Rôle de Julien Bastide dit Mozart.

1987 : La Maison assassinée, de Georges Lautner. Avec Anne Brochet, Ingrid Held (sortie 3 février 1988). Rôle de Séraphin Monge.

1988 : L'Union sacrée, de Alexandre Arcady. Avec Richard Berry, Bruno Cremer, Claude Brasseur (sortie 15 mars 1989). Rôle de Simon Atlan.

1988 : Force Majeure, de Pierre Jolivet. Avec François Cluzet, Alan Bates (sortie 5 avril 1989). Rôle de Philippe.

1989 : Il y a des jours et des lunes, de Claude Lelouch. Avec Gérard Lanvin, Vincent Lindon, Marie-Sophie Lelouch (sortie 19 avril 1990). Rôle du passager à Roissy.

1991 : Sweet Heart (titre provisoire), de Michel Deville.

Avec Jacques Dutronc, Mathilda May (sortie avril 1992). Rôle de Christophe Vade.

TÉLÉVISION

(1980/1983)

Un Pas dans la forêt, de Claude Mourthet.
Maigret se trompe, de Stéphane Bertin.
La Mort en sautoir, de Pierre Goutas.
Paris Saint-Lazare (5e épisode, « Vendredi »), de Marco Pico.
Des larmes comme des couteaux, de Jacques Espagne.
Les Malheurs de Malou, de Jeanne Barbillon.
Mariage Blues, de Patrick Jamain.

THÉÂTRE

81/83 — Le Charimari, de Pierrette Bruno, mise en scène de Roger Clermont. Théâtre Saint-Georges. Avec Micheline Boudet, Pierre Tornade, Bertrand Lacy.

84/85 — On m'appelle Emilie, de Maria Pacôme, mise en scène de Jean-Luc Moreau. Théâtre Saint-Georges. Avec Maria Pacôme, Odette Laure.

CHANSON

45 Tours

Vide et jusqu'au bout (Face B)
Marre de cette nana-là

Comment ça va
Non j' veux pas
J' roule vers toi
Tout le monde peut se tromper
Casser la voix, clip de Régis Obadia et Joëlle Bouvier
J' te l' dis quand même, clip de Frédérique Veysset
Alors regarde, clip de Gérard Stevrin
Place des Grands Hommes, clip d'Elie Chouraqui
Décalé, clip d'Elie Chouraqui
Qui a le droit

Albums

De face (Phonogram)
En Concert, Olympia 87 (Phonogram)
Alors regarde (BMG)
Si ce soir... (BMG)

Vidéos

En Concert, Olympia 87 (Polygram Musique Vidéo), réalisation Bernard Schmitt, lumières Alain Longchamp.

Bruel Tour 90/91 (B. MM. G./14 Productions), réalisation Michel Bazille, lumières Alain Longchamp.

Tournées

Eté 1985
Mai 1987
Zénith, etc., 9 octobre 1989-18 août 1991

Hit-parades

Alors regarde, l'album, n° 1 : 16 fois. Classé deux ans au Top album.

Les cinq 45 tours ont été classés en moyenne de 15 à 20 semaines chacun.

Casser la voix, meilleur classement n° 3.

J' t' le dis quand même, meilleur classement n° 12.

Alors regarde, meilleur classement n° 3.

Place des Grands Hommes, meilleur classement n° 4.

Décalé, meilleur classement n° 15.

Chiffres

— Alors regarde (l'album) : 1 800 000 LP/K7/CD.

— Total des ventes 45 Tours : plus de 1 000 000 de disques.

— Concerts : 1 million de spectateurs sur 93 concerts — 25 dates d'été et 10 dates dans les îles.

— Vidéo Bruel Tour 90/91 : 130 000 exemplaires.

RÉCOMPENSES :

Victoire de la musique : meilleur vidéo-clip, « Casser la voix »

Prix de la SACEM . chanson de l'année, « J' t' le dis quand même »

USA Golden Ampex Award : « Alors regarde » (l'album)

Prix du public : vidéo « Casser la voix » sur M6

Prix de la SACEM 1991 : « Chanteur de l'année »

LE FAN CLUB

Longtemps, le Fan Club Patrick Bruel est resté en suspens. Mais, comme pour Johnny, Sardou ou Dalida, il arrive un moment où la demande est trop forte. Lorsque cinq cents lettres débarquent dans la boîte aux lettres toutes les semaines, et que neuf sur dix exigent un Fan Club, il faut bien sauter le pas. En avril 91, sont donc nées « 14 Productions » (la référence au Club 13 de Claude Lelouch), des bureaux très hi-tech, situés à deux pas de la place Clichy, à Paris. On y voit Pascale Hania, David parfois, et deux ou trois personnes en cas de rush. A « 14 Productions », il y a un studio (en dessous), et du boulot. Beaucoup.

On y abrite « 14, Le Club », c'est le nom du Fan Club. « L'aventure continue... A tout à l'heure... » invite Patrick Bruel sur les tracts d'abonnement en noir et blanc. Contre une cotisation de 150 francs, le fan reçoit une carte de membre valable un an, et, tous les trois mois, « 14, Le Journal ». C'est le magazine du club de Patrick Bruel. Le numéro un est paru en septembre. Logo rouge, fond noir, la photo du chanteur avec lunettes sombres s'étale à la une. Au fil des pages, un dialogue entre Bruel et Sardou, des articles sur les premières années de sa carrière, des infos sur ses projets, sur ses films, sur ses disques, sur ses prochaines télés.

« 14 Productions », c'est aussi le bureau du merchandizing. Là où Patrick Bruel décide du logo des briquets, des pin's, des porte-clés. L'avenir risque d'y être agité. Bruel envisage de faire des maquettes dans le studio d'enregistrement du dessous, et de produire des groupes de rock français.

14 LE CLUB,
BP 348
75868 PARIS CEDEX 18

Remerciements

Nous tenons à remercier Patrick Bruel.

Et pour leurs conseils, leur aide et leurs encouragements : *l'Express*, Yann de l'Ecotais.

Artmedia, Mimi Acquaviva, Alexandre Arcady, Philippe Aubert, Alain Berger, René Bernard, Michel Blanc, Denis Boyer, Catherine et Dominique Brabec, Bernard Carbonez, Michel Charasse, Antoine Chouchani, Elie Chouraqui, Gilbert Coullier, Nicolas Darlet, Gérard Darmon, Bertrand Desprez, Michel et Rosalinde Deville, Jean-Pierre Dufreigne, Pauline Ester, Sébastien Flyte, Glem productions, Arlette Gordon, Pascale Hania, Kareen Hechter, Olga Horstig-Primuz, Pierre Jolivet, Nicole Korchia, Bertrand de Labbey, Bertrand Lacy, Guy Lagorce, Mick Lanaro, Pascal Launay, Georges Lautner, Bernard Lecomte, Claude et Marie-Sophie Lelouch, Alain Lepas, Vincent Lindon, Serge Loupien, Marion, Patrick

Mazarguil, Olivier Mongin, Daniel Moyne, Augusta Moreau, Hélène Patané, *Podium-O.K.-Jeune et Jolie*, Gérard Presgurvic, Jean-Marc Roberts, Michel Rocard, Etienne Roda-Gil, Marina Rosinha, Eglé Salvy, Anne Sinclair, Yves Stavridès, TF1, Chris Touzet, Adeline Tregoüet, Frédérique Veysset, Jean-Pierre Vincent.

Table des matières

Cet ouvrage a été composé
par l'Imprimerie BUSSIÈRE
et imprimé sur presse CAMERON
dans les ateliers de la S.E.P.C.
à Saint-Amand-Montrond (Cher)
en novembre 1991

N° d'édition : 91196. N° d'impression : 2585.
Dépôt légal : novembre 1991.

Imprimé en France